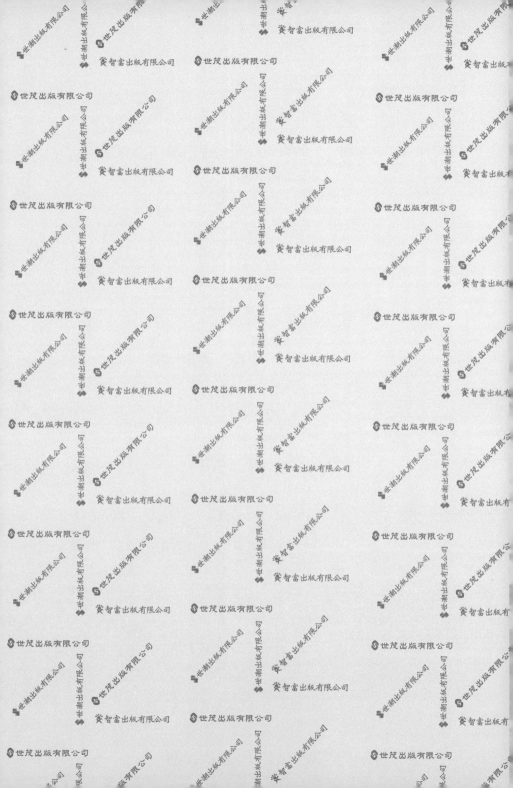

輪廻転生を信じると
人生が変わる

相信靈魂轉生，改變人生

一位日本高級官員的覺醒之路

山川紘矢

卓惠娟 譯

這是來自日本的心靈火花；輕鬆閱讀此書，聆聽日本新時代思想之父山川紘矢先生娓娓道來他自我覺醒的神奇生命歷程，並在其中為我們演示出新時代靈性思想的重要觀念。

這是一本我會想送給父母或鮮少接觸心靈思想親友們的心靈啟蒙書。

周介偉　光中心　主持人　衷心推薦

致台灣讀者序

寫在本書台灣版出版前夕

各位台灣的讀者大家好，我是本書的作者山川紘矢。

得知我的著作《相信靈魂轉生，改變人生》一書有幸被翻譯成中文，讓各位台灣的讀者閱讀，我感到非常高興。我和妻子亞希子一同從事將英文的靈性指導書籍譯成日文的工作，至今也有25年之久了。

我在本文中也提到過，我的第一本譯作是美國女演員莎莉．麥克蓮（Shirley MacLaine）所寫的《心靈之舞》。這是一本撼動了全世界人類的劃時代作品。我想在台灣應該也有譯本，不知道實際狀況如何呢？它以自我探求之旅為主題，是一本非常棒的書，我衷心希望台灣的讀者們也能夠讀一讀這本書。

在我成為翻譯家之前，我的職業是日本的公務員。之後，我辭了職，待疾病痊癒後便成了翻譯家，與內人合譯了超過40本靈性指導類書籍。

在這本書裡，我所有的靈性體驗都是根據事實誠實寫下的。另外，我也描述了我為何會成為一個翻譯家的經過。

很久以前，在中國有一位叫做老子的偉大賢者。直到現在，《老子》在日本仍然是相當受人喜愛的書籍，也是我個人很喜歡的一本書。我覺得這25年來，我所體驗、所學到的絕對不是什麼創新的概念，而是和早在二〇〇〇年前就已經寫在《老子》、《聖經》或是其他作品裡的是同樣的東西。就像在著名的《小王子》一書中所寫的一樣，「真正重要的東西，是眼睛看不到的」，但它們確實存在，並期盼著能為大多數的人所理解。我相信，無論是神、愛的能量、還是輪迴轉世中的靈魂，雖然我們的眼睛看不見，但它們都是確實存在的。

不管是我在翻譯時，或是在寫作時，我總是感受到有我所看不見的指導靈在幫助我。我希望這一份愛的能量也能傳達給閱讀本書的每一個人。我也相信在這世界上發生的所有事情，都有其不凡的意義、都有看不見的世界力量在推動著。相信這世界的未來將會越來越進步，並經由覺醒的人們之手構築起一個愛與和平的社會。

在本書即將翻譯出版之際，我由衷地感謝給予我許多協助的相關人士，以及從看不見的世界伸出手來幫助我的指導靈們。真的非常謝謝你們。

現在是21世紀。也是自持續了二〇〇〇年之久的「雙魚座時代」轉變為「水瓶座時代」的一個重要時期。生存於這個時代的我們，真的是活在一個相當有意思的時期。在我們所居住的亞洲，輪迴轉世的思想被普遍地相信著，卻也因為它沒有辦法證明而被當成了迷信。但我認為輪迴轉世絕對不只是個幻想。

我們的本質就是永遠的靈魂，這麼想在情感上也是令人比較容易接受的，不是嗎？我想今後，關於輪迴轉世的概念會重新受到重視、復活，並且更廣泛地為人所理解。

我知道我的前世曾經是個中國人。或許因為這樣，我對中國和台灣總有一股特別的親近感。上一次造訪台灣雖然已經是三十多年前的事了，但是想起日月潭、故宮博物院和花蓮港這些地方，還是讓我感到十分懷念，當時也受到台灣的朋友們非常親切的接待。只要一想到這本書出版後，也許還有機會能再次拜訪台灣，便令我好生期待。

相信一切都是為了成就好事才發生的。

如果這本書在加深日本與台灣的友誼上也能盡到一份心力，我想沒有比這更令人開心的事了。願各位讀者的人生充滿了幸福。

二〇一〇年十月

山川紘矢

序言　相信靈魂轉生，改變人生

真有來生嗎？

沒有人知道。

什麼才是真相？除非真正經歷死亡，否則誰都不可能知道確切的答案。

但是，若是真有來生，許多未竟之謎就有了合理的答案。莫名地愛上了某個人，和對方四目交接之際，你確信自己曾經在幾個世紀以前的某個地方，凝視過同一雙眼眸、眷戀過同一個靈魂。

什麼？你說，不，我從沒遇過這種事。

哈哈哈！你過著相當無趣的人生呢！

那麼，你聽過「既視現象（déjà-vu）」嗎？

你是否曾經有過這樣的經驗？

初次到某個地方旅行，卻突然產生「曾經在這個地方生活過」的感覺；或是做某些事情時，忽然覺得「這不是第一次發生」、「總覺得現在的感受、想法，都似曾相識」？

已經是二十年多前的事了。當時我們夫妻住在美國華盛頓哥倫比亞特區，兩人經常開車短程旅行。

有一次，我們車開到維吉尼亞州和西維吉尼亞州的邊界，那兒有一條又寬又長、連綿蜿蜒的河流，河的一側是岩山。

據說，以前在美國南方工作的黑人，為了逃離到北方，一定得渡過這條河。當時有許多人曾幫助黑人渡過這條河，讓他們能夠重返自由。

然而有一次，從南方來的追捕者在河畔某處襲擊藏匿的逃亡者，和協助黑奴逃走的人們發生了對戰，因此，許多黑人和白人都在那個地點被狙殺了。

對這段歷史一無所知的我，初次探訪那裡，聽當地人講述這件事情時，心臟突然如打鼓般地咚咚作響，忍不住打了個寒顫。

「我曾經置身那場惡鬥中。」

我沒來由地這麼確信著。我的感覺並不尋常，完全不像平時的自己，身體深處的靈魂像是被強烈撼動的感覺。明明沒有任何具體證明，我卻深信自己就是幫助黑奴們逃亡到北方的人其中之一，而且強烈地感受到自己就是在這個地點被殺死。

當時的我還完全不相信前世之說，也尚未從事翻譯工作，我只是一名單純的公務員，在大藏省（現在日本的財務省，相當於台灣的財政部。）任職，派駐在華盛頓工作。

這是一次令我印象非常深刻的體驗，這件事並非我的單純想像。當時我的身體不住地顫抖著，打從內心發出一股恐懼感。究竟自己身上發生了什麼事，我根本不明白。

即便現在想起當時那股不寒而慄的感受，仍然覺得很不可思議。

之後，因為陸續翻譯**《前世今生》**（*Many Lives, Many Masters*）（布萊恩魏

斯Brian L. Weiss著）等有關輪迴轉世的書籍，現在的我確信，真的有輪迴轉世。

「你能確信有前世嗎？你有什麼證據呢？」

要是有人這麼追問，我只能說「除非一死，否則無法證明」。我們一直都深信「死亡就是一切的結束」。然而，在我研讀許多書籍，以及推敲所有發生在自己身上的事情之後，我認為**「『死亡』只是脫去了肉體的外衣，回到了『另一邊的世界』」**以這樣的思考要來得更為合情合理。

「另一邊的世界」無需保持肉體的存在，也沒有痛苦、悲傷，是我們夢寐以求的仙境。（另有一種說法，回到那一邊的世界，將有一場更大的修行。）

當想法轉變，明瞭人類沒有真正的死亡，我的心情變得沈穩而平靜。

有一天誰都免不了一死。但是，死亡並非一切的終點，這不是一個很神奇的發現嗎？

一想到「也許真有來生」，對於未來反而更抱著希望，「一定要更珍惜地球」的想法也會湧現。

「為了能有各種不同的體驗，所以還會有下輩子。」

「萬一死了也沒關係。」

這麼一想，心情頓時無比的輕鬆。

人們常說**靈魂伴侶**。的確，有些人之間的緣分特別深。這麼一想，自然就能接受情侶、夫妻、家族之間必定有著很深刻緣分的想法，於是也會自然湧現「珍惜有緣人」的心情。

另外，這種關係不僅是人與人之間，人和國家之間也是。以我來說，就是和美國、中國、印度等國家特別有緣。

我們夫妻翻譯有關靈性成長領域的書籍，已經長達二十年。**經常有人問我們「你們翻譯是真的相信其中的內容嗎？」**

當然！因為堅信不疑，所以我們才翻譯這些作品。

相信輪迴轉世是理所當然，心情就能夠無比平靜，對死亡的恐懼也會淡化。

進而，對於人的死亡，也能重新以其他觀點來詮釋。美國精神科醫師布萊恩魏斯所寫的**《前世今生》**、**《返璞歸真》**（*Only Love Is Real*）、演員莎莉・麥克蓮（Shirley MacLaine）寫的**《心靈之舞》**（*Out on a Limb*），都是令我在翻譯之際覺察到上述真理的傑出作品。這些作品在日本都已是暢銷書，不就代表已經有許多人對於書的內容產生共鳴，在閱讀過程中感到自己被療癒了，所以書才會暢銷，不是嗎？

「我們為什麼會開始從事翻譯工作？」、「該是可以說出真相的時候了吧？」、「社會大眾應該能夠理解吧？」懷著這些想法，我漸漸產生寫一本書的念頭。

然後，有人鼓勵我們寫書，也正好有出版社願意為我們出版，種種絕佳的機緣巧合一一出現，所以我們心想，一定要把這本書寫出來。

我只寫實際發生的事。

請多指教。

目錄

1 相逢必有目的

世間沒有意外

「這個世界上沒有意外」。

只要開始鑽研靈性領域，有一天一定會看到這句話。英文的說法是「It is not an accident.」。

我非常喜愛這個句子。因為它可以運用成為「我之所以和你相識，都是命中註定」。

若說一切皆非巧合，則必然是一種宿命。你不認為命運決定了所有的一切嗎？

這句話可以如此解釋：「我和你的邂逅是命中註定，和你共結連理是理所當然。」

日本人以「有緣千里」或「萍水相逢來自於前世因緣」一語指出這種現象。我覺得「惜緣」這個詞語，更是意義十分深遠、美好的詞彙。

古人早就明白了——人與人之間的因緣際會，絕非單純的巧合。**每個人必定都是為著某種目的而相遇。**

那麼，**在我們出生之前，命運就決定了一切嗎？**

是的，我是這麼認為的。

一旦這麼想，就能毫無抗拒地接受所有一切。所謂「無抗拒」，就是靈性書籍中經常出現的「surrender」，也可譯為「順服」。

停止抗拒，就能接納「因為所發生的事都是註定好的，因此對所有一切，都能毫無保留地心懷感謝」，這樣活下去會變得比較容易。

若是不抗拒，就不會有衝突，也不至為了抗拒耗費多餘的精力。

也可以這麼說──我們在誕生之前，早已「決定自己出生的國家」，以及「選擇自己的父母」。

我第一次聽到「人是先選擇自己的父母才出生的」這種說法，是二十多年前在美國時。當時我非常驚訝「咦？真有這種事嗎？」

我不禁思考**「若是由命運決定，那麼自由意志又怎麼辦呢？」**所謂「一切都是命中註定」，就表示自由意志蕩然無存了嗎？而這麼一來，人生不就無論怎麼努力，也都徒勞無功嗎？

我現在認為，**命運是100%，自由意志也是100%。**每分每秒都是出於自由意志而選擇的，但這些也都是冥冥中早已建構完成的計畫。

負責理性思考的左腦，拼命抗拒地反駁「不可能兩者都是100%。命運和自由意志各佔一半，分別是50%，這種情況還可以理解。」

但是，多虧右腦的協助，讓我感謝所有冥冥中註定必然發生的一切，所以我能順服於「當下」。

而且，我想今後我也會依照自由意志，選擇走向光明的道路。

當我還年輕、處於反抗期時，也曾對父母有過「又沒拜託你們把我生下來」的念頭，現在則能夠由衷感謝「能選擇這麼好的父母，真是太棒了！」因為每個人都是選擇了對自己靈魂修業最適當的父母而降生的。

接納「沒有意外」，也將改變你看待事物的觀點。在此同時，我也接納了「沒有偶然」、「一切是命運」、「人有自由意志」的論點。我認為這些全都是正確的。截至目前為止的人生，令我真實地感受並接納宿命論。只不過，**我們不能因此斷然地把宿命論正當化，因為「命運是自己選擇的結果」**。

每個人都是帶著規劃好的人生藍圖、懷抱著某些目的才降臨世間的。我們和戀人、同伴、朋友、上司、老師、敵人，即使在這世上和任何一個人擦肩而過，都不是單純的偶遇。

僅僅是這麼想，一切都變得不同了。

我曾接收過無數次來自指導靈的訊息。所謂**「一分一秒，絲毫不差」**，也就是應該相逢的人終有一天會相逢，會發生的事必然會在特定的時機發生。

生命有起有落，走過波濤起伏的人生，現在的我**由衷相信「世間絕無意外」**。一切事物的發生皆有其意義。

讓我們珍惜所有的際遇，對人更溫柔以待。

讓我感謝與您相遇。

感謝您閱讀本書，感謝這份因緣。

2 有些東西必須冒險才能得到

我譯《心靈之舞》

翻譯第一本書，距今已經是二十五年前的事了。那是好萊塢著名女明星莎莉‧麥克蓮所寫的《心靈之舞》。

書名中的「Limb」這個字，指的是「細小的樹枝」。一般來說，果實總是結在細小樹枝的末梢，「為了摘取果實，非得爬上樹梢的枝條上不可」。攀上脆弱的樹枝尖端當然危險，所以這句話意謂著「為了求得成果，就得冒險犯難」。

這和中國格言「不入虎穴，焉得虎子」是同樣的意思。

這個道理不也適用於人生嗎？比如說，像**「真相」**這類重要的東西，不冒一點風險是無法到手的。

對莎莉・麥克蓮而言，發表《心靈之舞》一書有其風險性。她可能因而受到世人嘲諷，好不容易建立的名聲或許將一敗塗地，甚至斷送演員生涯。

儘管如此她還是寫了這本書。因為這是她要摘取的果實——寫作《心靈之舞》的過程中，莎莉展開**追尋真我的旅程**。

她感覺到「在這一次人生之前，一定發生過什麼事」，因而開始探求出生以前——也就是「前世」的真相。

有一次，她透過靈媒而接觸到指導靈，因而有機會問到關於自己的前世。一再和指導靈對話後，她開始思考「是否真有輪迴轉世？」從而發現許多不解之事，都得到了合理的答案。

處於現代社會，只要不符合科學就會受嘲諷，因此，公然發表「輪迴轉世應當存在」是件帶有風險的事。

莎莉具有無比的勇氣，堅持「非寫不可」的信念。她甚至說出「由於宇宙偉大的力量，我才能寫出這本書」。

當時我因為工作關係，住在華盛頓特區，在偶然的機緣下拜讀了她的大作。當時我直覺，「書上寫的應該全都是真的」。所以我想「一定要翻譯出來，把書介紹給日本的讀者」。

但是對於當時擔任大藏省公務員要職的我而言，這麼做相當冒險。

事實上，剛開始閱讀《心靈之舞》之際，我還想過「我才不相信什麼『輪迴轉世』，莎莉・麥克蓮還真是容易上當的人呢！」不過，因為她的書上提到「指導靈說『理解真我是最重要的』」這段內容，我認為「這倒是真的！翻譯出來，希望日本有更多人能了解這一點。」

而後，我覺察到「我這輩子之所以生為日本人，是因為必須把『我們是不朽的、永恆的存在』、『真有輪迴轉世』等觀念傳達給更多日本人知道，這是我的使命」，因而受到了劇烈的衝擊。

這個驚天動地的覺醒，發生在一九八五年，在我回到東京大藏省關稅局擔任課長時。當時已經譯好《心靈之舞》。我還記得，當我從霞關走到距離不遠的美國大使館附近時，忽然天上突如其來傳來這樣的訊息，直接衝擊在我心裡。

由於衝擊過於強大，現在我對於當時所經過的地點，以及自己狼狽的模樣，依然記憶鮮明。

要將輪迴轉世之說傳達給別人，是件極其危險的事。

「我不要！一旦這麼做，我只會成為人們的笑柄，朋友也會嚇跑，長久以來建立的人際信賴感及所有的一切都將失去——」我十分地恐懼。

事後證明，這些憂慮都一一應驗了。我受盡朋友們的嘲諷，也不得不辭掉工作。我的人生成了名副其實「Out on a Limb」危險地垂盪在樹枝末梢。

從那時到二〇〇九年的現在，已過了二十五年。

回首當時，現在我已能安心地大大嘆一口氣，「原來我的人生劇變，就是從那時開始的呀！」我平靜地回顧發生在自己人生中不可思議的狀況，回想起來，一切簡直像精心安排的夢幻劇本。

接受由上天直擊而來的啟示後，我的人生如風起雲湧般發生劇烈的轉變，指導靈從看不到的世界出現在我面前，也發生了許多意想不到的事情。

3 一切都從「理解真我」開始

最重要的關鍵

人生最重要的事情是什麼呢？

過去，我認為人生當中最重要的，就是在學校用功讀書取得優秀成績、進入理想大學、在人人稱羨的公司工作、擁有一個美滿家庭、過著幸福快樂的日子。

很幸運的，我從小學就喜歡讀書，成績一直不錯，順利考上一般人認為是理想中最好的東京大學攻讀法律，由於成績優異，也得到了一份好工作。具體來說，我通過司法考試，在國家公務員的甲等考試也取得高分，進入大藏省擔任人稱精英的國家公務員。接著，我娶了很出色的妻子，並轉任外交部，到馬來西亞擔任三年外交官，之後赴美留學二年，又在聯合國大學及華盛頓的世界銀行等國際機構工作。

對我而言，這都是很愉快的歷程，我也感到十分幸運。只有膝下無子這件事曾讓我們苦惱過……。

這件事先暫且不提。多虧這些機遇，我的英語變得非常流利，精英身分令我無論到那裡都備受禮遇。可說的確是「完美的人生」。由於太過幸福，關於**「我到底為何來到這個娑婆世界？」**這類問題，我想都沒想過。當時的我只抱著安逸的想法：未來進入國際機構，做著有趣又有意義的工作，坐擁高薪，過著富裕安逸的生活。

如今想來，只覺十分慚愧——。

然而，當我**意外地開始探索「我到底是誰？」、「我的本質究竟是什麼？」的真相後，人生也開始出現截然不同的變化。**

就某個層面而言，追問「我究竟是什麼？」或許會把自己的人生推入險境。

至少對我而言，我的人生就這麼起了一百八十度的轉變。

我現在明白，人生中最重要的，並不是畢業於良好的大學，在大企業出人頭地，也不是成為有錢人。

我也了解，即使變得有名，周遭的人對你阿諛奉承，也不要因此產生錯覺，自以為了不起，這是不值得獲頒什麼勳章的。

人生最重要的一件事，就是「理解真我」。

我現在堅信不疑，所以能如此斬釘截鐵地斷言。

我也知道得很清楚，若想拯救人類及地球，讓每一個人都能「理解真我」是極為重要的。

為什麼理解真我如此重要？

那是因為，大部分的人都不了解自己究竟是什麼，只是活在一個稱為**「現**

實」的幻想當中。誤認為每個人都是可以切割、可以單獨存在的個體。**這個世間的悲劇，完全來自於「不了解自我」所造成。**

戰爭、殺戮、殺人、自殺、核子武器、地球環境污染、社會不平等、偏見、仇恨、嘲笑、飢餓、傳染病的蔓延等等一切。

若是理解、覺察真我的人不斷增加，就能找到解開一切問題的關鍵。

真我覺醒。

這是開啟一切的鑰匙。

大多數的人並不清楚自己的本質是什麼。因為人們並未看穿這個世間，看到「真正的現實」。因為我們生活在「人一定要競爭、戰爭是必要之惡、人有優劣之分、人是獨立而分離」的幻想世界中，總把我執（ego）當成優先。

如果人們能夠覺察「真正的自我」，就不會有恐懼，也不會有戰爭，更不需要核子武器和軍隊。

到那時候，就可以把戰爭和軍備的費用，全部使用於社會福祉。只要能夠生活在一個無恐懼、能安心的社會裡，就能夠理解軍事費用全都是多麼無意義的支出。

對於製作武器的人而言，或許那才是最可怕的事。這是基於恐懼而活著的人所無法想像，也是幻想人是獨立而分離的人，所無法相信的世界。

因為人們一直都活在**我執的幻想世界**中。被敵人殺死之前必須先武裝自己，不管發生了什麼事首先必須打倒敵人。沒有所謂信任感，因為人生就是戰鬥。

幾乎所有的人都像這樣矇著雙眼活著。人們認為這是唯一的生存途徑。誤以為這就是現實，無法想像沒有戰爭的世界。

絕大部分的人不曾試圖睜開雙眼。因為睜大眼看清楚的話，太危險了。人們並不想目睹「真實的世界」、不想面對「真正的自我」。

人們認為了解「真正的自我」，是一件令人害怕的事。人們對於聆聽真我的聲音，活得像真正的自己是有所畏懼的。誰也不想受人嘲笑、不想被人譏諷是傻瓜。

如果依照現狀繼續下去，人類社會應該維持不了一百年。實際上，我們已處於危急存亡之秋。

然而，誰也不願去想可怕的末日到來，也不願試圖認真去面對，因為光想像就感到恐懼。即使非洲正發生飢荒、南極冰融、冰河逐漸消失，甚至全球氣溫暖化產生的種種影響，都不願去面對，只要自己的人生平安順遂就好。

就算巴勒斯坦或非洲的孩童正慘遭殺戮，因地球溫暖化造成小島國沈沒，也希望相信自己所處的國家是平安無事的。

只要自己居住的國家豐饒富足、安全無虞就好了。

只要自己的家人安然無恙就好了。

——可是，這樣不可以吧？

不，沒什麼不可以。這是很正常的。

只要每一個人、毫無例外的這麼想就沒有關係。

其實，不需要憂慮。維持現狀、不要刻意改變什麼，讓我們活在當下吧。

就結論而言，請大家放心相信「維持現狀就好」。

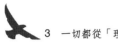

是的，當時機到來，自然有計畫可以令人們覺醒。人類能夠克服危機的計畫（program），早已設定完成。

不必擔憂，現在正是覺醒的時期。覺醒的人正爆炸性的激增中。有通靈能力（Spirituals）、帶有嶄新感受力、被稱為水晶小孩（Crystal Children）的新一代誕生了。

今後人類將會有更多「覺醒的人」。「次元提昇（Ascension）」一詞開始受到注目，這就是集體覺醒的開始。

人們會開始決定「停止愚蠢的戰爭」、「停止殺戮」。大家將相互合作，並且共同守護美好的環境。因為一切都注定好了，儘管放心吧。

接下來世界上所將發生的事情，都是為了人們的覺醒而準備。截至目前的歷史，也是為了讓人們從中學習而發生的。飢餓、戰爭、核子武器、革命、奴隸制度、人種差別，對於與自己不同的人們的訕笑、偏見，都是為了從中學習的功課。

你是整體計畫的一部分。有一種說法是，一切將從日本發端。

日本人因為擅長集體行動，只要意願產生，即有可能**產生集體覺醒**。那就是：由你開始。

當你覺察「真正的自我」，你就能幸福。

這就是秘密——《*The Secret*》（譯註：朗達・拜恩（Rhonda Byrne）著。敘述有關吸引力法則的力量。只要了解吸引力法則的祕密，就沒有做不到的事。），解開一切謎題的鑰匙。

其他什麼都不必做。不必憂慮人類的未來，也不必對前景悲觀。**你本身就擁有拯救人類的關鍵。**

究竟你是什麼呢？

你是為了什麼而降生在地球上呢？

為什麼你會出生在日本或台灣呢？

只要想起你曾經遺忘的使命就夠了。只要了解你我都是負有相同使命的夥伴，是命運共同體就可以了。然後，你的喜樂，就會開始到來。

我的母親已達百歲高齡，現在仍然身體硬朗，凡是自己的事全都不假手他人。

母親曾對我微笑說：「平平凡凡的活著！平凡最好！」

我的母親非常平凡。她養育了七個孩子，不論對孩子還是孫子，都是說「平凡的活著就好！」、「平凡的活著，出乎意料的困難喔！」

因為洞悉不可見的世界，我也曾自豪地認為「或許自己並不『平凡』？」不過，今後這也將成為「平凡」的事情了。各位將能**自由自在**、**隨心所欲**。不管發生任何事，只要能**真實地活出自我，那就是「平凡」**。

我就是一個極為平凡的人。如果要說有什麼不同，我只是明瞭「理解真我的重要性」以及「一切皆非偶然」。另外我還知道「人類是永恆不朽的」、「無需恐懼」、「一切存在都不是分離獨立的」。

如果你說「我並不想覺醒」、「你根本活在幻想世界！」，不想睜開你的雙眼，那也不要緊。

即使人類走到滅絕之境，也並不表示我們就消失了。因為我們是永恆不滅的。

所以，沒有關係。

目前，意識到「真正的自我」的人們確實在增加中。這就是地球能被守護著、人類的未來無需擔憂的證據。

現在的孩子，和我們大不相同，他們保有較大的柔軟性。他們是水晶小孩、較無利己傾向的美麗孩子們。所以我們不用過度擔憂未來。

此時此刻，最重要的訊息就是——

「儘管放心。不必憂慮。要追求幸福。」

或許你可以說我是樂觀主義者。但是我聽得見一個聲音——

「請你相信！」

也聽到——人們對於出現眼前的危機，「已準備好開始覺醒」。

人們原本就擁有足夠因應的智慧，所以，只要相信就夠了。

就「依照現狀」往前邁進吧。
不需特別努力，只要思維改變就可以了。
你不認為真的很簡單嗎？
當你的思維改變時，你將會熱淚盈眶吧。那將是充滿喜悅的淚水。

4 一切合一就能理解「真正的自我」

探索真我的遊戲

我說過「理解真我」是現在最重要的一件事。

但是，想要理解真我，究竟該怎麼做才好呢？

說不定，我們會驚訝地發現根本不了解自己。

所謂「真我」，究竟是什麼？自己究竟是誰呢？

理解真我，或許是件相當麻煩的事。不過，把它當作認識自我的一種遊戲，以輕鬆的感覺開始試試看吧。

我超過四十歲才開始自我探索。最初是參加名為**「我是誰？」**（Who am I

?）」、「我的本質是什麼？（What am I ?）」的自我探索遊戲。那源自於我稍後會提到的，第一次參加的「自我覺醒（Self-Awareness）研習會」。

四十歲，已經不年輕了。

然而四十歲以前，我從來沒思考過「我究竟是什麼？」

一開始，我試著問自己：「我是誰？我是什麼？」時，出現了以下的答案——

「我是阿俊（TOSI）」（我的本名是俊宏）

「我是人類」

「我是男性」

「我是日本人」

「我是好人」

「我是正直的人」

「我是公務員」

進入更深層、角度更廣的思考之後……

對了！我還會畫畫，「我是畫家」。

由於有一個稍微會畫畫的美國人說「我是畫家喲！」我聽了十分驚奇，所以也試著模仿他的回答。

因為我也拍照，所以說「我是攝影師」。

我喜歡植物，因此「我是園藝師」。

也會跳一點舞，「我是舞蹈家」。

對了，功課一直都不錯，「我是優等生」。

就這麼大言不慚的試著發言了。

真是相當有趣的遊戲。

對了，因為我喜歡旅行，也可以說「我是旅人」。

感覺挺不賴的。

我是旅人。沒錯，「時間的旅人」。

思考自己擅長什麼、對什麼有興趣、感到興奮雀躍的事、意欲達成的事……等種種層面後，就能逐漸接近理解真我的境界。

也請你試試看。

或許你就能**發現「自我實際上真正想做的事」**。

若是現在，我會說「我是追夢人，Dreamer。」

就在最近這幾天，我想起約翰藍儂「幻想（Imagine）」這個曲子。說起來是因為兩三天前的大學同學會上，朋友說「你說的這些全都是胡言亂語」。在場的每個人似乎都贊同他的看法。

我因為翻譯了《前世今生》這本有關生命輪迴的書，在同學會時說了「人類沒有真正的死亡」、「死亡並非一切的終止」，所以大家才會這麼說。

約翰藍儂的「幻想」有段歌詞是這樣的——

「你可以說我在作白日夢（You may say I'm a dreamer），

但我並非唯一的一個（But I'm not the only one），

但願有一天，你將成為我們的同伴（I hope someday you'll join us）」

我已成為約翰藍儂的同伴。我相信「我們可以消弭這個世上的戰爭」、「我們可以拯救地球」。不，應該說「自然而然就會如此」。

真相是「每個人都是在這個土地上散播愛與和平的使者」。我所居住的城市，大家都在做這件事。我的朋友們也都已覺察到這件事。**還沒啟動的人，也只是因為他們遺忘罷了。**

言歸正傳，主題是「自己的本質是什麼？」。

「我在別人眼中是『做白日夢的人』」

「我在別人眼中是『胡言亂語的人』」

這樣下定義或許也很有趣。

接下來，我們盡快導向本質的結論。

「我是能量體」

「我不等於這個軀體」
「我不等於我的頭腦」
「我不等於我的思考」
「我不等於我的感情」
「我是超越軀殼的存在」
「我就是意識」
「我是宇宙延伸的意識」

若是能進行到這個階段，我想一定有人能夠說出「我也是這樣！」已經開始探求靈性世界的人，再往前更邁進一步。

「我和宇宙來自同一能量」

我不禁想起莎莉・麥克蓮在她的《心靈之舞》中，提到她在海岸張開雙臂的畫面。

「我就是光」
「我就是神」

「我就是波動」
「我就是一再轉世輪迴的靈魂」
再進一步到**「合一（oneness）」**階段，就能體會萬物合一的精神。
「我就是你」
「我和你是一體的」
「我就是天使」
「我和天使是一體的」
「我和宇宙萬物是合一的」
「我和神是一體的」
「我就是愛」
更進一步，當你明瞭死亡只是脫去了肉體的軀殼，就能說出：
「我是永恆的存在」
「我永遠不會死亡」
因為這個遊戲十分有趣，請你務必和朋友一試。

有些定義若是說出口時，**體內有抗拒感，只要去感受「體內有抗拒」這件事就可以了。**

體會一下，什麼程度是自己沒有抗拒可以接受的？

不需要有任何勉強。

不要試圖用你的腦袋去分析，遊戲只需憑感覺，以能接受的步調前進即可。可以和朋友或家人一起進行，也很有趣。

把心中浮現的言詞一一試著說出來。

「我是虛幻的」

「我就是地球」

「我就是宇宙」

「我就是雲」

「我就是雨」

「我就是大自然」

能說這些話或許也不錯。

沒有什麼是好什麼是壞，意識到一切事物都具有相同的本質，意識就能開展。了解**萬物歸一**，就會理解**自己什麼都是**。

「我就是你」

「我就是太陽」

「我是自由奔馳於天空中的風」

像這樣開擴你的心情試試看吧。你的心情將有如風一般的自在、無所拘束。

「我就是宇宙」

「我就是神」

「我就是光」

「我就是愛」

在這本書中，我想要表達的就是：我覺察到了**真我就是愛**的真相。

還有**「我們被愛包圍」**。

以及一切的核心**就是愛**。

5 神源自於我們的內在

思維轉變，一切就改變

從出生到現在，有超過四十年的時間，我始終認為「這世上不可能有神」。

即使到現在我仍然討厭宗教，**我不需要宗教**。

可是，卻有朋友認為，我傳達的意念就是「宗教」。

那麼，如何定義「宗教」一詞呢？

宗教的英語是religion。「religion」和「spirituals（信仰）」並不相同。

我是信徒，但不是宗教性的。我的信仰並不屬於任何一種宗教。這個觀念或許對日本人非常混亂，很多人搞不清楚。只要一說到「神」或「輪迴轉生」，就很容易被冠上「宗教」一詞。不管是提到靈魂或是死後的事情，立刻被罩上「宗教」的面紗。

我是信仰堅定的人，但不是宗教家。如果一口咬定我說的事情屬於「宗教」，那麼也是信徒只有我一個的「一人教」。

你也是「一人教」就可以了。因為是一人教派，所以不需要教祖、教義、獻金，不需要任何強制，也沒有選舉活動，不會有欺騙，更不會有放逐一事。美國有所謂「新時代（New Age）」，對這個詞彙的解釋或想法因人而異，但或許可以把我歸類在所謂的「新時代」。

但是，希望你別幫我貼上標籤。能用言語表達的事情，不見得能讓所有人產生共同的認知。

例如，說到「神」這個用語，每個人的看法各有所異。你所認為的神和我所思考的神，很可能完全不同。

相信也有人覺得，「不加入宗教教派的話，就無法信神」而一本正經地煩惱著。

這是天大的誤會。

神並不屬於任何宗教。

神源自於我們的內在。

首先，自己的本質究竟為何？先往自己的內在探尋吧。

我認為宇宙就是神。巨大全能的神。

神是宇宙全部的能量。宇宙中的一切所有，都是神的能量顯現的東西。換句話說，我認為「神會形成眼睛可見的形態」。

因此有形體、眼睛可見的東西都是神，看不見的能量也是神。所以我就是神的化身，當然，你也是神的化身。

全部都是神，一切的一切，存有的事物全都是神的顯現，**沒有任何東西不是神**。所有一切的總括都是神，如果說這樣的想法是宗教，對我來說是一個笑話。

一切皆是合一的靈性（spirit），一切皆來自一神的能量。

或許這麼說明，就能掌握我對神所定義的概念了吧。

天地萬物都來自神的鬼斧神工。換言之，一切皆始於原子。原子核是由中子和質子所組成，周圍環繞著電子，讓電子環繞原子核運動的能量就是神。也可以用這個概念來解釋。

莎莉・麥克蓮所寫的《心靈之舞》也陳述了同樣的概念。

我是宇宙之子，也就是神的兒子。並非指我自己是神，而是一切皆是神，這樣解釋應該就很容易理解「一切皆平等」的概念。

一切皆來自同樣的能量，只是形狀不同而已，所以礦物、植物或動物都是神的表徵。

一切皆平等。

一切全是神聖的存在。

這麼一想，就會覺得世間的種種歧視，是件很詭異的事。覺得自己比他人偉大，或是認為白人比黑人優越，男性比女性重要等，**種種歧視都是錯覺**。

主張世界是由兩種力量統治的二元論者認為：善與惡、光與影、優與劣等兩種力量共同支配著世界。但這些劃分不過是我們以頭腦判斷，主觀的用二分法加以區別而已。原本世界上的一切事物都只是中性的。

這裡的「一人宗教」沒有優劣，是以「眾生皆相同」為基礎，非常容易理解，是盡善盡美的。

是的，我下了「盡善盡美」的判斷。

一切都是神聖的存在。

一旦了解「不管是貓、狗、蟲、鳥，全都是神」，就會產生「什麼嘛！竟然也有這種神？」的想法，心情會變得很輕鬆。因為處處都有神的存在，簡直就像淹沒在眾神當中。

明瞭「神就是愛」，將更不得了。如果說神就是愛，因為我就是神，所以我就等於愛。我就在愛裡面。一切都是源自一個愛。我活在愛裡面，被愛淹沒。

因此，我總是感到自己十分幸福。

因此，我想感謝周遭的一切。

感謝你，宇宙！

我認為世上並不存在可歸之於「惡」的事物。認定某些事物是惡，也都是我們的腦袋任意的判斷。

你曾認為神就是白髮蒼蒼的老爺爺嗎？

或是印象中長得像耶穌模樣的人？

當然這些也都是神。

信仰可以更虔誠。不需要宗教。神的意識常存我心。我擁有宇宙的意識。覺知一切。你和我都在愛裡面。或許有人會認為這些想法很愚蠢，但這都是千真萬確的。思想改變的話，就是如此。

但是，我不希望你刻意去扭轉想法，而是必須靜待改變的發生。當覺醒的時機到來，改變就會來臨。

然後一切將會改變，一切都會變成祝福。

6 看不見的力量推動我前進

華盛頓特區的生活

一九八二年七月，大藏省派我駐守美國首都華盛頓特區的世界銀行，擔任副理事這個重要職務。

世界銀行是聯合國的專門機構之一，有一百多個成員國參加，是進行多國國際援助的機關。日本在其中設有日本政府理事室，當時其中最高層人員是山口理事，第二個偉大（？）的人物就是我這個副理事了。

由於配置有秘書，所以工作相當輕鬆。當時的世銀總裁是奧爾登・W・克勞森（Alden Winship Clausen）。每個星期，克勞森總裁都會召開理事會，我是參加的成員之一，可說身處於國際機構的中心。我出席每星期召開的理事會，傳達日本政府的意向，再打電報給大藏省報告理事會的狀況。那裡匯聚了各先進國家的代表，就像聯合國一樣，搭電梯時，全都是國籍不同的人，人種有黑、有白、有黃，熱鬧非凡。溝通語言一律使用英語。

在此之前，我還待在日本時，也曾在聯合國大學（譯註：United Nations University。簡稱UNU。於一九七五年開始運作，本部設在東京。）這個國際機構的事務局上了兩年班。國際機構的工作氛圍似乎很適合我，那段時期我每天都過得十分充實、愉快。

因為我人生原本的夢想就是「未來在國際機構工作」，所以當時我名副其實地過著**美夢成真的生活**。我自己也經常邀請各國的副理事，舉辦餐會，致力於國際親善或情報交流等。我胸前的西裝口袋總是裝飾著紅色的口袋巾，打扮時髦、瀟灑地昂首闊步。要說稍有遺憾的話，就是身高只有一六七公分這一點。

華盛頓的櫻花爭相綻開怒放，令人賞心悅目。

關於華盛頓特區的回憶，最開心的是參加了當時很盛行的**自我覺醒**研習會（促進自我反省的研習會）。

之後我還會詳加介紹。若說到這件事的源頭，應該要追溯到我還沒來到美國、仍在神戶工作時曾參加過的研習會，算是自我覺醒課題的契機。

我從朋友那兒聽說「有個全程以英語進行，很棒的研習喔。」我不清楚研習的具體內容，只聽到可以藉此練習英語，覺得對自己有幫助就去參加，現在想來真是太幸運了。

我和妻子都透過研習，發現了真正的自我，所謂自我覺察對我們而言是第一次的經驗，因此學到了很多事情。

如今回想起來，在看不見的世界中，也就是說在神的世界，一切都為我們做好了安排。我們在日本的研習會結束後，大藏省便依照預定計畫，派遣我們到華盛頓特區三年。

當時華盛頓特區非常盛行有關自我覺醒的研習，因此我在當地再次參加了課程。當時我還不知道這也是冥冥之中來自神所安排的計畫。

如果當時沒參加研習會，我就不會認識山姆（Sam），之後大概也沒有機會透過他認識莉亞・白爾斯（Leah Byers）開始了和指導靈的交流，人生也不致於引發激烈的轉變吧。

我所參加的是由一百五十人參與，在大飯店的舞廳所舉行的研習會。而被稱為帶領人（facilitator）的老師，就像明星般地美麗，全身散發出耀眼的光芒。

我們夫妻在華盛頓特區的生活剛安頓下來不久，就在美國朋友的引薦下先參加基礎課程，而後又參加了進階課程。課程中發生一連串的驚奇。原本看似黯淡無光的人，**當自我開始覺醒之後，陸續展現了前所未有的光采**。

由於研習會全程以英語進行，必須以英語表達自己內心發生的激盪，所以對於英語的練習也有長足的進步。

妻子說，她在這個研習會中，第一次覺察**「對自我的厭惡」**。她甚至也發現了其中原因，這令她驚訝不已。從東大畢業的她，內心深處卻始終認為自己「一無是處」「毫無生存價值」。明瞭了內心潛藏的想法，就能解釋她到那時為止的一切行為了。她是非常努力的人，從孩提時代就是優等生，畢業於優良的大學，開始工作後也是傑出的員工，即便如此她心中仍缺乏安全感，不擅長與人應對。

我所覺察到的雖然不如她那麼激烈，卻能更加肯定自己，覺察**「人生應當可以更快樂」**。

這是極大的、甚至足以改變人生的想法。

直到當時的人生，我一次也不曾聆聽自己內心的聲音。只是盲從世俗的價值觀，我發現自己一直認為「獲得好成績、畢業於好大學、在好的地方工作就是完美的人生」。

實際上，我注意到我對自己公務員的生涯，從未有過對未來的憧憬。也覺察到我自己如同搭著電扶梯一般，只是地位漸漸上升，並緊抱著安逸的場所不放。

我覺察到自己的工作場所扼殺了自我，根本從未發揮創意。

我究竟想做的是什麼呢？

研習會中有美國各個種族的年輕人、中年人、也有剛步入老年的人。和他們成了朋友以後，就像窺見美國電影中的人生百態並置身其中的感覺。擔任世界銀行副理，雖然也相當的快樂，但是「究竟我真正想追求的是什麼呢？」這樣的疑問在我心中逐漸萌芽。

所有課程都上完後，就算是結業了，因此和該研習會的關係也暫時劃下休止符。

但是，我感到有某種**「看不見的力量」在我的背後推動**。一股看不見的某種力量，似乎不斷催促著我「必須加深和研習會的關係」。

因此，我加入研習會成為助理人員，協助聽講人員如何覺察真我。後來我從初級課程一路幫忙到中級課程，甚至後來也成了課程的帶領人，為遠比自己身材高大的美國人統籌分組，擔任給予種種建議的角色。
努力總算有了成果，我成了他們信賴的帶領人，英語能力也自然變好了。因為最初就是為了加強英文而開始的，原始的目的完全達成了。而且，更大的附加價值是——得知自己究竟是什麼樣的人。也因此明白自己內心**「想充分發揮自我創造力」**的想法。我因此想要將內心透過某種形式傳達出來。
發揮創造性要怎麼做才好呢？
我喜歡畫畫，但是一旦畫畫，隨著所畫的圖增加，要放到哪裡去好呢？音樂我不行，小說也寫不來，更不懂如何拍電影。
對了！如果把英文翻譯成日文，或許我做得到。我模模糊糊地感到這種可能性。
但是，當時完全沒有任何我可能成為翻譯家的徵兆。

7 時代開始有了巨大轉變

與《心靈之舞》的邂逅

在華盛頓特區參加的研習會終於到了尾聲。有一天上班時，我注意到三代川秘書的桌上放著一本書。

那是一本英文平裝書，封面有著好萊塢女星莎莉・麥克蓮的照片。

這本書當時在美國極為暢銷，因此我常在書店看到。

事實上，我對好萊塢電影明星傳記之類的書籍很感興趣，經常買來研讀。詹姆斯狄恩（James Byron Dean）、瑪麗蓮夢露（Marilyn Monroe）、泰隆鮑華（Tyrone Power）、蘇珊史翠絲堡（Susan Strasberg）等光芒四射的明星們，他們生命中豐富的戀愛情事、波瀾萬丈的人生歷程，閱讀這些傳記對於學習靈活的英文很有幫助。

因此那一天看到這本書時，我對三代川秘書說「好像很有意思呢！」，回家路上立刻到書店買了這本書來看。

這本《心靈之舞》從第一頁開始就很吸引人，令人手不釋卷。它並非普通的傳記，而是作者**探索靈魂**的故事。

作者莎莉因為對於自己和不倫對象之間的糾葛關係感到十分困惑，因而回溯探索前世。當她出席瑞典備受推崇的靈媒司徒華・喬哈森的通靈聚會，親眼目睹來自肉眼看不見世界的指導靈，附身在司徒華的身上，藉由司徒華的身體傳達種種訊息時，令她感到非常吃驚。

然後，當她回到加州，有機會和一位名叫凱文・賴爾森（Kevin Ryerson）的靈媒會晤。當我閱讀凱文來到莎莉家的這一段文字時，在我的眼前彷彿出現一位飄逸、性情溫和的青年身影。凱文非常有幽默感，勾起了我的興趣。

在凱文身上出現的指導靈不只一個。陸續出現的指導靈們，與莎莉交談著不可思議的對話。依照這些指導靈（精神導師）所傳達給她的訊息可得知，來自不可見世界的精神導師們，從過去便一直引導著她的人生。照理說應當沒有任何人知道的秘密戀情，精神導師竟然也一清二楚。聽到這件事，莎莉當場驚訝不已。

精神導師告訴她的，除了個人的事情，也教導她舉世皆然的真理。

「了解你自己。理解真我，才能自由。鼓起勇氣理解真我，這麼一來，就能得到自由。」

「每個人都有前世。」

「最重要的是理解真我。一切都照單全收。如果無法接納原原本本的自己，就無法百分之百接納其他的任何事物。」

「人對於生命中發生的一切都有責任，無論何時都肩負必須愛惜自己的責任。」

莎莉聽到她和戀人前世之間的關係時，不禁煩惱著「這是真的嗎？」

《心靈之舞》發生的故事地點，包括瑞典、加州、香港、夏威夷、秘魯等許多地區。

死後世界、不可見的世界真的存在嗎？指導靈真有其事嗎？在內心不斷探求疑問，尋找解答的過程中，莎莉見到了幽浮；更在安地斯山泡溫泉時經歷了靈魂出竅，她的靈魂在宇宙間飛升，並且在空中俯瞰地球；還聽到外星人瑪雅述說了許多見聞和觀點，真是充滿了不可思議內容的一本書。

當時我**根本不相信有前世**。當然更不相信指導靈之說。

但是有一部分我確信不疑「這絕對是真的」，那就是指導靈談到「理解真我是最為重要的」的段落。「理解真我，就能得到自由。」這是在自我覺醒研習會中，親身體驗的真理。

人都是生活在自我束縛、自我設限當中。

所以我們才會無法自我覺察。

只要能確實探索自我的內在層面，注意到綑綁自我的局限，就能有意識地掙脫其限制。

我把書拿給妻子，「這本書很有意思，你不妨看看」。

妻子很快的便讀完全書，也表示內容的確很有意思。連我有些感到懷疑的內容，她也認為那應該是真實發生的事。

有一天我心血來潮，「對了！就譯這本書，讓日本的讀者也看看這本書，因為就像這本書說的，『理解真我』，是非常重要的一件事。」

但是我完全沒有翻譯的經驗，也不認識任何一家出版社。

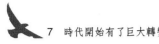

妻子說「在美國這麼暢銷的書，日本應該早就有人翻譯、出版問世了吧。」

她說的話的確很實在，但我仍說「不過，畢竟是真是假還不知道，既然如此，我就來調查看看好了。」

於是我查詢了出版《心靈之舞》的出版社，打了電話去紐約Bantam出版公司詢問詳情。

「請問，我讀了莎莉麥克蓮的《心靈之舞》，覺得是一本非常好的書，我打算把它譯成日文，請教此書是否已有日文版？」我這麼詢問。

「我幫你接給負責人。」對方回答後，立即由負責的一位女性來接電話。她告訴我，「已經譯成十三國文字了，不過尚未翻譯成日文版。」

「如果要翻譯出版的話，該怎麼做才好呢？」我試著請教她。

「我們不受理個人版權的代理，所以請找到願意出版的公司，透過代理購買版權後，你再翻譯應該就沒問題了。」對方很親切的指點我。

我所在的地方是華盛頓特區，並不認識任何出版社，不免思忖「怎麼辦才好？該怎麼找到出版社？或許行不通了……。」

現在想起來，那時或許是「吸引力法則」發生了作用。當然，那時還沒有「吸引力法則」這個用語。

有一天，我在世界銀行辦公室裡偶然瞄向自己桌上的一份名冊，那是一張稱為「世誼實會」的日本人名冊。

不知為什麼，當時待在華盛頓特區工作、並且出生於一九四一年（昭和十六年）的日本人特別多。於是就有人組了出生於一九四一年的同好團體，命

象徵「高潔清心」的蓮花。
到中國旅行時，每個地方的庭院都綻放著。

攝影：山川亞希子

二〇〇九年，搭乘和平船（Peace Boat）環遊南極半島時，看到飄浮南極海上的冰山。　攝影：山川亞希子

白神山地的日本山毛櫸。一顆小小的山毛櫸種子能夠長成如此大的樹幹，真是不可思議。　攝影：山川亞希子

名為「四一世誼實會」，當時會員超過三十人。

名冊上依照出生先後順序，列出了姓名、出生年月日、公司、電話、地址。在不經意之下，我驚奇地發現有一位成員和我的生日只差了一天，那就是在日本大使館工作的松尾弌之。

我心念一動，出於一股直覺，立即打了電話給他。

我撥了電話號碼，打到大使館，和他聯繫上了。

我單刀直入地問他。

「松尾先生，你好。我是世界銀行的山川。剛剛看了『世誼實會』的名冊，發現你和我的生日只差了一天，因為生日相近，我想或許命運也可能相似，所以便打了這個電話。想問你，最近是不是有發生什麼特別的事？」

結果他竟然說，「是的，發生了非常奇異的事。要是明天方便的話，我去拜訪您時再詳談。」

松尾隔日立刻來找我。他帶了一本書來，那是譯成日文版、由瑪麗琳・佛格森（Marilyn Ferguson）所寫、實業之日本社出版的《寶瓶同謀》（*The*

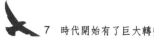

Aquarian Conspiracy）。

松尾說，他原本在上智大學工作，被派任到華盛頓特區的日本大使館，日前翻譯了這本《寶瓶同謀》。

讀了這本書的讀者相當讚賞，甚至還追著他這位翻譯者要求召開聚會。那天見面時，他帶了該著作過來。

我立即閱讀這本《寶瓶同謀》，內容非常新奇有趣。

這本書大致是說——

「現在是二十世紀的末期，面臨時代的巨大變革，為了因應各領域的時代不變，寶瓶世代們誕生了。他們誕生於政治、經濟、教育等各個領域，企圖悄悄改變這個時代。」

閱讀之際，我的內心激盪不已。因為我認為「這本書上寫的正是自己」。

「我正是寶瓶世代！」我不禁這麼想。

因為我強烈感到「我就是為了改變時代而來到世間的其中一人」。

所謂的寶瓶世代，指的是「水瓶座的人」。據稱二十世紀末，新時代將由

「雙魚座」轉變為「水瓶座」。

一個時代大約二千年，二十世紀的終了意味著雙魚時代的結束，二十一世紀開始即開啟了水瓶時代。

耶穌的誕生大約是在二千年以前。耶穌倡導愛與神的國度。然而這二千年當中，並沒有人真正領悟耶穌所說的真意。基督教走向權威主義，形成一種階級制度（Hierarchy）。

耶穌提倡具有真正意義的愛，但並未受到尊重。人們殺死了耶穌，其後的二千年間，地球上每個地方的人們都互相爭戰。最後的結果，只是憑藉科學的力量，發展出超高科技的殺戮技術。相反地，如何與之抗衡的智慧卻沒什麼進展。

現在人們準備了可以殺盡幾十倍於地球人類的核子武器，核子實驗更是進行了二千四百次以上，然而，可以稱之為正義的事物卻付之闕如。這都是「雙魚時代」發生的事。耶穌的象徵是雙魚，代表「雙魚座」的開端。

而後，經歷了大約二千年的現在，時代將產生巨大的變革。

人們將終止戰爭，愛的時代即將來臨。人們的覺醒即將開始，能夠好好看待事物的人們陸續誕生。

《寶瓶同謀》書寫著肩負新時代使命人們的特徵。那就是我們自己。我因此而感動莫名，因為「我就是寶瓶世代」而深受震撼。

這時，我突然靈機一動。

對了！拜託松尾先生介紹出版社給我！

我拜託他之後，他立即爽快地給我兩個電話號碼。一個是日本最大規模出版社的編輯，另一個是地湧社的社長。

「如果要出版最佳暢銷書的《心靈之舞》，應該要找大規模的出版社比較好」這麼一想，我立即直接從華盛頓打電話到東京，給該最大規模的出版社編輯。

對方聽了我的話之後說，「女明星出版的書嗎？這樣的話，就不是本人寫的了，背後一定有人代為操刀吧。」接著他又說，「下次我應該有機會到紐約，到時候見個面再談吧。」

「大概會是什麼時候呢？」

「應該是去紐約出差時吧。」

我直覺這本書應該不可能在這家出版社出版了。

接下來我又打電話給地湧社的增田社長，「我是從華盛頓特區打來的。」聽我這麼一說，對方似乎有些慌張。

稍等片刻之後，增田社長本人來接電話，我說明因為想翻譯《心靈之舞》這本書，希望拜託他們幫我交涉版權。

增田社長聽了我的說明，決定在公司內部討論其可行性。以前我根本不知道有地湧社這家公司，地湧社的名稱，據說是在時代變革中「從地面湧現千人觀音，改變了時代」而來的。當然那是我後來才知道的事。

我從華盛頓特區打的這通電話，據說是地湧社自創立以來的第一通國際電話，因而在公司內部引起極大的騷動。社長也因而感到「似乎有什麼新的變化即將發生」。因緣的開始，起源於社長讀了《寶瓶同謀》後，和松尾認識了。

我買了一本新的《心靈之舞》，以航空寄到地湧社。

結果，地湧社表示「出版吧！」接受了出版建議，買下日文版權。當時版權費用和現在相比是驚人的便宜，預付金是二千美元。

我決定拜託妻子協助一半的翻譯工作。

我們能夠從事翻譯的時間，只有每天工作結束後的一點點。然而，未曾從事過翻譯工作的我們，**兩人竟然都能如行雲流水般地順暢翻譯**，連我們自己也感到很驚訝。

由於內容有關靈性指導，常有些詞彙不知道怎麼翻譯才恰當，然而翻譯時源源不絕的詞語卻不可思議地從腦海中順暢流瀉而出。即便現在，我也常有詞彙自然從天而降的感覺。比方說我把「spirit」譯成「指導靈」而盡可能少用「靈界」、「靈媒」等會令人產生負面想法的字眼。

當時美國靈性指導方面的書籍，在日本出版的屈指可數，還沒有可供參考的書籍或資料。

另外，地湧社方面也表示「書太厚的話不好賣，一開始的戀愛情節內容希望能全部刪除。」

「這麼做好嗎？……」雖然心裡這麼想，但怎麼說都是第一次翻譯，不管出版社有什麼要求我都盡力配合。

結果，不可思議的，要刪除哪些內容，我立刻便掌握住了。雖然刪除了相當多內容，但並未影響故事大綱，說起來，第一次翻譯竟然能夠這麼順暢，只能說如有神助。

翻譯完成時，增田社長來到我在華盛頓特區的住處，他讀了寫在稿紙上的文章後，表示「這是十分有力量的文章」令我欣喜不已。

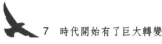

增田社長說「好不容易來到美國，有幾個地方想去走走」而拜託我為他導覽。

因此我租了車，兩人一起去旅行。應增田社長的要求往北走，參觀了有機栽培的農園。另外也拜訪了當地出版社，推銷地湧社出版的書籍，然而對方不懂日文，我一眼就明白幾乎不可能成功。

另外，我們為了探訪增田先生好友的公子而去了紐約，一路上都是由我一人開車。回想起來，當時我竟然可以在人生地不熟的紐約一路通行無阻，順利抵達對方的家，真是令人驚奇。

還有，當時在世界銀行工作繁忙的我，為什麼能取得休假旅遊，現在也不太記得了。

總之，當時只要是和《心靈之舞》有關的一切，**什麼都一帆風順**。

那次旅行令我印象深刻的，就是有機栽培農場盛開的花，色彩非常鮮豔美麗，是我有生以來不曾看過的美景。

此外，開車前往紐約途中，看到美麗的天空襯托著輪廓分明的摩天大樓，整個旅程宛如魔法一般。

據說，以增田社長的出版社的經濟狀況，要提撥出海外旅行的費用不是很容易，因此，那次還是增田社長初次的海外旅行。

最後，完美的汽車旅行平安結束。

回到華盛頓，在我把租來的車歸還租車公司之際，**在停車的瞬間，汽車鑰匙竟然從鑰匙插座端應聲斷裂了**。

要是鑰匙在旅遊途中折斷的話，後果簡直不堪設想。回想起來，真是不可思議。而直到旅程結束鑰匙才斷裂，或許是冥冥中神明的保祐吧。

8 現實的一切都在計畫之中

聖日耳曼伯爵的出現

就這樣，第一次的翻譯工作順利完成了。夫妻兩人各自負責一半的內容，花了三個月譯完。地湧社的增田社長似乎也很滿意翻譯的結果。

正好當時我在華盛頓三年的工作也接近尾聲，預定一九八五年七月十五日返回日本。

忘也忘不了，那一年的七月一日，也就是預定回國的兩個星期前，發生了一件不可思議的事情。

在我身上竟然發生了像《心靈之舞》一樣的事。

那天早上，朋友山姆打電話給我說，他的友人那裡出現一個指導靈表示，「有些事想告訴TOSI（指我）。」

「你可以跟她見個面嗎？」山姆這麼說。

我從沒和山姆談過有關通靈的話題，我們夫妻在譯《心靈之舞》一書的事，他當然也毫不知情。

我和山姆是在之前提到的自我覺醒研習會上認識的，這位青年算來有點像是我的部屬。他來參加我們的家庭餐會時，憑藉他一百九十公分的身高，輕輕鬆鬆地就幫我們把家裡的燈泡全換好了。

山姆打電話跟我說指導靈的事情時，我還半信半疑，但在好奇心的驅使下，還是決定和那位女士見面。

從華盛頓越過波多馬克河，在維吉尼亞州有家西苑（Westpark）飯店。我打了山姆告訴我的電話給她，約好當天在西苑飯店碰面。

我驅車前往。

然而，到了約定的時間，她卻沒出現。我一面揣想著她發生了什麼事，一面等了大約十分鐘後，看起來像是約見的女士，氣喘吁吁地朝著我跑過來了。她一見面便對我劈頭說「是指導靈害我遲到的！」這句莫名其妙的話。我心想「自己遲到竟然還推諉給指導靈，真是個怪胎。」

這位女士名叫莉亞・白爾斯，看起來是極為普通、很容易相處的美國人。年紀看起來似乎和我差不多。

之後我才知道我們有個巧合：**原來她的生日和我同一天**，都是十一月二十一日，正好晚我一年出生。

為《心靈之舞》尋找日本出版社時，幫我忙的松尾君也是如此，我生命中出現的這些關鍵人物生日似乎都和我的相同或極為相近，這種事雖然不能算是很稀奇，但是我還是認為生日應該具有某種特殊的涵義。

莉亞從以前就很關心有關通靈的話題，她參加過許多研習會。最近她直接從指導靈那裡接收到一個訊息。那個指導靈表示，希望能透過她傳達訊息給一個名叫「TOSI」的日本人。

莉亞問我：

「你聽過聖德・日耳曼伯爵（The Count of St Germain）嗎？」

「不，沒聽過。」

莉亞說，想傳達訊息給我的那個指導靈就叫做聖德・日耳曼伯爵。

莉亞說的聖德・日耳曼伯爵是英語發音，之後我查了資料，才知道在日本稱為聖日耳曼伯爵。（譯註：聖日耳曼伯爵是十八世紀的著名怪傑。傳說他因為修習賢者之石與煉金靈藥等練金術祕法而獲得巨大財富，並自稱是超過四千歲的時空旅行煉金術士。）

總之，當天聖日耳曼伯爵透過第一次見面、理應對我一無所知的莉亞，傳達給我許多離奇而令人難以置信的訊息。

歸納後，大致的內容如下。

「TOSI翻譯了莎莉麥克蓮的《心靈之舞》一書，對吧？那本書是我們這些指導靈使你們夫妻翻譯出來的。

今後的世界將發生很大的變革，人們的意識將發生極大的變化。世界也會有劇烈的轉變。許多人將會集體覺醒。可是若依照現況發展下去，時間上將會來不及。

我們這邊的**許多指導靈和天使們，也不斷努力促使人們覺醒。**《心靈之舞》是讓人們覺醒極重要的一本書。也是我們要莎莉麥克蓮寫出來的，為了讓這本書被譯成日文，所以我們才借用你們夫妻的力量。

事實上，你會調任到美國，在美國參加『覺醒研習會』，也都在我們的規劃之中。就像莎莉被引導一般，**你們也是在我們的引導之下實踐了這一切**的事情。」

我非常驚訝。

坦白說，這些話我**當時一點也不相信**。

派遣我到華盛頓特區世界銀行的，是大藏省人事部門的人。

而起意翻譯《心靈之舞》的，更是我自己。

這些怎麼可能是指導靈授意的？到底在胡說八道些什麼？

然而事後仔細回想之下，的確，當我們開始翻譯時，一切順利到簡直令人不可置信的程度。不但出現了介紹我們出版社的朋友，出版的狀況也輕而易舉便決定了。第一次擔綱翻譯的我們，在翻譯過程中更是出乎意料之外的順利無比。

如果說，在我們背後確實是有一股神秘的力量在推動著，這樣說也無可厚非。

我想起自己從前參加「覺醒研習會」的工作人員招募時，據說對方聘雇我的決定性因素是，當我被問到「為什麼想擔任工作人員？」時，我說「總覺得背後有股推動我的力量。」這是我當時奇妙的回答。

即使如此，我對於**「為什麼指導靈會知道我們翻譯了《心靈之舞》一書？」**之事，還是感到非常神奇。

指導靈彷彿看穿了我的心思般，繼續說道：

「我們什麼都知道。因為整個世界的發展都在計畫當中。

不只是大藏省的人事，從你出生以前，你的人生就已完全規畫好了。」當時我雖然有提問，卻感到十分懷疑。不過，由於莉亞說「想問什麼儘管問」，所以我便問了指導靈，我的前世在做什麼？

這是我第一次聽到指導靈告訴我，我的前世曾經分別出現在中國、蘇俄及美國等。

當然，我不可能立刻信以為真，因為當時的我認為輪迴轉世之說根本是無稽之談。

然而，再問到有關父母、兄弟姊妹的前世。這一世的家人有的前世在蘇俄曾是朋友，在某一世又曾是親戚，似乎都是共同轉世。我和太太上輩子也是夫妻。這些事令我覺得「嗯，還挺有意思的。」

雖然我並不相信這些不可思議的內容，但是同一個人穿越時空與國境，一下子變印度人、一下子變中國人、一下子又是美國人，勾起了我的興趣。

指導靈繼續說：

「你們翻譯的《心靈之舞》，將會改變日本人的意識，是非常重要的一本書。你現在所選擇的這家出版社，雖然是很好的出版社，但是財力有限。因為這本書十分重要，必須讓更多人閱讀才行。因此絕對不能夠委託目前這家出版社出版。」

我一聽就抗議，這實在太不合情理了。難得地湧社的增田社長告訴我「很高興能出版本書」，但指導靈卻說「不能交由地湧社出版」簡直豈有此理。

我對指導靈說「我絕對不做這種破壞約定的事」而乾脆地拒絕了。指導靈也沒再說什麼，所以我以為這件事已取得他的理解。

雖然指導靈還講了許多其他的事情，但我仍不清楚究竟自己身上將發生什麼事？

指導靈說：

「不久之後你們（我和妻子）將可以直接和我們溝通。」

然而，當時我完全不相信會真有這種事發生在自己身上。

9 發生的一切都是自己造成的

和指導靈的接觸

和莉亞·白爾斯道別後，我回到家。

雖然是二十五年前的事，從飯店到回家途中的過程，直到現在整件事仍然歷歷在目。我還記得，當開車經過橫跨波多馬克河的大橋時，我的腋下冷汗直流。

到底我該怎麼辦才好呢？

指導靈究竟是何方神聖？

為什麼所有的一切都被他看穿了呢？

我的腦中一片混亂，現在回想起來，我頗能體會莎莉當時寫《心靈之舞》的心情。

這樣看來，《心靈之舞》中的故事，或許全都不是造假的。

回到家後，我盡力保持冷靜，告訴妻子聖日耳曼伯爵所說的事。她聽了我的話之後，竟說「說不定他說的都是真的。」因此我回答「不然明天你也去找莉亞，自己和指導靈交談看看。」

隔天，妻子見過莉亞回到家後，我問她「怎麼樣？」妻子看起來有點悶悶不樂「我聽到的內容都和你一樣，」接著又說：「不過他提到了一件讓我十分為難的事。他說《心靈之舞》不能交由地湧社出版。」

我嚇了一大跳。昨天我並未告訴妻子有關指導靈交待書的出版問題一事，因為我已拒絕指導靈說「那種事我辦不到」，所以我以為問題已經解決了。

可是，為什麼指導靈會知道我們還是打算把書交給地湧社出版呢？

而且，**連地湧社資金不夠雄厚，是一間小規模的出版社也知道得一清二楚。**

實在太詭異了。

指導靈到底是何方神聖？

指導靈和神又有什麼不一樣呢？

指導靈所說的話，就是神要傳達的意念嗎？

而且，我一定得聽從他們的話不可嗎？

諸如此類種種的疑問，在我腦海中揮之不去。

之後，宛如被指導靈們所引領一般，不可思議的事陸續發生在我們身上。

我拜訪莉亞的家時，再度從聖日耳曼伯爵那裡得到一些訊息。

「如果不能交由地湧社出版的話，該交給哪一家出版社呢？」

指導靈說：

「回到日本後，你去書店看看哪一家出版社出版靈性指導類的相關書籍，這麼一來，你就會知道該選擇哪一家出版社了。」

「地球將會發生很大的變動。一九八七年七月，加州將發生大地震，加州將沈沒到海底。

所以接下來你要回日本之前，先去加州一趟，去那邊跟碰面的人傳達這件事，叫他們避免地震時待在加州。」

因此，莉亞告訴我：

「我在加州有個親友，你可以跟她碰面。指導靈說她前世是你的母親。」

事實上，我本來就計畫好回日本之前，先到加州作短程旅行。我預定住在洛杉磯帕羅斯佛得斯（Palos Verdes）的B＆B（Bed and Breakfast 住宿附早餐、價格較便宜的一般家庭住宅）。

沒想到，和莉亞確認後，我發現據說是我前世母親居住的地方，竟然極為湊巧地和我預約的B＆B在同一區。

B&B的女主人艾斯禮（Exley）是一位對死後世界及輪迴轉世非常感興趣的人。我們投宿後，由於清早看見正在做冥想的艾斯禮太太，而開始聊起有關這類的話題。

據艾斯禮太太說，她去世丈夫的靈魂偶而會出現在房子裡，丈夫生前極為疼愛的小狗，因為感受到丈夫的存在，所以和丈夫生前一樣開心地搖起尾巴。

她指著牆壁上的一幅浮世繪說：

「我上輩子是日本人喔。這張浮世繪上所畫的風景地點，我記得清清楚楚。」

她還找來了交情很好、對這類話題有共鳴的朋友。於是我們對她們說明了在華盛頓所發生事情的前因後果，當然也告訴她們兩年後將發生大地震的事。

帕羅斯佛得斯是洛杉磯的高級住宅區，附近有非常美麗的海岸。因為我們想要游泳，所以拜託艾斯禮太太帶我們去。我和妻子一起往下走到海岸後，看見山崖邊有很大的裂縫。大概是以前地殼變動造成的吧，看起來還很新的裂縫。

看了這幅景象，我不禁打了個寒顫，心想「加州一定會發生地震」。

艾斯禮太太聽我提起有關前世母親的話題後，馬上表示「唉呀！那個地方就在這附近喔！我今晚就立刻帶你過去。」

我懷著忐忑不安的心情，和艾斯禮太太一起拜訪前世母親的家。那是一戶有大樹環繞、附帶游泳池的豪宅。

說起來令人驚訝，我和對方才一碰面，就一見如故、緊緊的互相擁抱，我們彼此都很自然的，就像骨肉至親般直覺非這麼做不可。

她是個比我年輕、給人極大好感的美女。她相貌英俊的丈夫，因為工作的關係經常往返日本。

「你太太的前世是我的母親喲！」

她丈夫似乎對於我們的舉止有些疑惑，因而和我們保持某種程度的距離，但仍親切地招待我們夫妻和艾斯禮太太。

前世母親美麗的女兒是莎莉麥克蓮的超級影迷，曾經觀賞過許多次她的演出。她目光熠熠地說「將來我也想成為像莎莉一樣的音樂劇明星！」她們還有另一個可愛的金髮小孩，飼養了隻可愛的白色小狗。

加州這位我前世的「母親」也和我同一天生日，這個巧合令我感到很驚訝。也就是說莉亞、我和我的前世母親全都出生於同一天。

另一個教人驚訝的巧合是，我們發現，她女兒和艾斯禮太太戴的項鍊，都是黃金鑄造、看來幾乎一模一樣。「這一切絕非偶然！」我感到自己像是被捲入不可思議的世界般。

我們簡直就像電影主角。是的，人生就好比是一場電影，我們則是電影中的登場人物。當一部電影結束，我們將在別的電影中重新登場扮演別的角色。

——我有了一股很真切的感受。

當天晚上，在艾斯禮太太住處，來了一封電報。

「父病危‧速回」

是發給我們的。這也好像是只有在電影裡才會出現的情節。

我們立即回國，妻子住在東京的雙親已幫我們安排好一切，因此一抵達羽田機場，我們就立即飛往名古屋。

一到名古屋，我們便從機場搭計程車前往父親入院的豐川市國府醫院，我的姊姊已經在醫院門口望眼欲穿等著我們到來。

父親氣若游絲地躺在病床上，簡直就像已經死了好幾天。

我抱住父親，猛烈地搖晃他的身體說「我回來了！」

母親對於我粗暴的方式，瞪大了雙眼，驚訝不已「你對生病的人做什麼？」

然而仍然緊閉著雙眼的父親，卻**微微笑了一笑，彷彿在說「我知道，我很欣慰。」**

母親再度嚇了一跳，因為這些天來，幾乎沒有絲毫反應的父親竟然露出笑容。

由於我和妻子因為工作一定要回大藏省一趟，不得已只好匆匆回東京。

隔天，弟弟便打電話通知我們父親過世的消息。

父親的葬禮，在豐川市的西明寺辦理。大藏大臣（譯註：相當於台灣財政部長）送來了很氣派的花圈。名古屋的前財務局長森前輩也來了。當時的我還隸屬於「大藏一家」。

葬禮進行時，我看到一隻很大的鳳蝶翩翩飛舞著，感覺好像是父親的靈魂飛來。

當親戚們聚在一起時，我跟大家說有關前世的話題時，大家都只是投以異樣的眼光，誰也沒當真。

母親似乎也覺得我有點怪異，還對妻子說因為同情我，當下只好無可奈何地附和我。

回到日本馬上要面對的，除了父親的過世，還有其他許多事情，其中最棘手的是地湧社的問題。

我將指導靈傳達的訊息告訴了增田社長，當然社長完全無法接受。最後我沒辦法，只好告訴他，聖日耳曼伯爵的指導靈出現，要我「不能把書交由地湧社出版。」社長回說**「那全都是你編出來的謊言。」**

真要編一套出說詞，我會編出可信度更高的——

我完全沒有說謊的念頭。

「我沒說謊。莎莉麥克蓮的《心靈之舞》當中，不也寫著有關指導靈出現的內容嗎？

這本書所寫的內容是真的。她談到指導靈出現的事，也都是真的。

我一開始也感到很懷疑，但這種情況下，我也只能依照指導靈指示不是嗎？拜託您。我絕對不會讓您產生金錢上的損失。」

然而，不管怎麼解釋，我就是沒辦法說服社長。

和地湧社的交涉終究還是呈現膠著。

每當問題一發生，我便打國際電話給莉亞，每天都請她幫我問聖日耳曼伯爵究竟該怎麼做才好。我打了無數次的國際電話，回想起來那真是一段艱困的時光。指導靈告訴我：

「莎莉麥克蓮也曾經待過日本，向她求助。」

因此，我寫了一封信給莎莉麥克蓮，告訴她詳細的前因後果。

「我翻譯了您的大作《心靈之舞》，聖日耳曼伯爵這位指導靈透過一位名叫莉亞・白爾斯的女性出現。然後他告訴我不可以把書交由地湧社出版。因為日文版出版權屬於地湧社，地湧社並不相信指導靈之說。我該怎麼辦才好呢？請你幫幫我。指導靈要我請求你的協助。如果你不相信我說的一切，可以打下面的電話求證。」

我在信的最後附上莉亞的電話號碼。

──一直沒有回音。

信確實寄達了。後來我從莉亞那裡得知，莎莉麥克蓮也很擔心，所以曾打了電話給莉亞。

但是莉亞因為突然接到大明星的電話，緊張得語無倫次，所以似乎也沒能清楚的說明。從莉亞的立場來想，確實也是合情合理。

有一天我半夜突然醒來，直覺「現在立刻非打電話給莎莉麥克蓮不可！」

因此我查詢了莎莉麥克蓮在加州馬里布（Malibu）的家裡電話，由於時差關係，那邊是白天。

是她本人接聽的。

聽了我的說明後，莎莉麥克蓮說：

「TOSI，請不要把我捲入太過糾纏不清的麻煩裡面。

我雖然相信指導靈會出現，可是我們所處的三次元世界，也有必須遵守的承諾。

因此，即使是指導靈的指示，也有不能照做的時候。你這樣突然向地湧社老闆說，指導靈說不能由你們出版，地湧社也很無辜吧？我覺得還是交給地湧社出版吧！」

我有一種被「徹底被打敗」的感覺。只好向地湧社道歉，還是依照約定交由他們出版了。

當時，我對莎莉說的其中一句話印象非常深刻。

「沒辦法出版，就是因為你這麼做的關係喔！」

莎莉這麼說時，我自忖：

「沒這回事，是因為增田社長的關係才會沒辦法出書的。」

當時我認為「莎莉說了很奇怪的話」。

現在我已完全明瞭**所有發生在自己身上的事，全都是自己造成的。**

截至書出版以前，還發生了許多不可思議的事情。也有發生一些問題，由於那些問題導致書出版的時間比預定晚了很多，最後還是交由地湧社出版，因為我們最後決定的出版社還是地湧社。

後來我們才知道，出版時間的延遲也有其意義。據指導靈說，發生了這麼多事件，為的就是讓出版延遲。

其中原因，一個是為了我們自身必須學習有關自我靈魂的智慧，另一個則是為了「配合時機」。據出版社表示，由於晚了半年出版的結果，當時世俗間的接受度比之前增加了，銷售量也因此大增。若是如期在半年前出版，當時日本市場對於靈性指導書籍接受度不高，可能時機還過早。

那時候，我意識到時代急速地變化，因而開始有了覺醒——。

指導靈的預言

指導靈雖然預言了「加州大地震」，但是之後加州並未消失。不，應該說這麼說，雖然發生了地震，但地震規模並未達到令加州沈沒的程度。

也有人說這是因為有預言的關係，影響了人類的行為；或是因為覺醒的人增加的緣故，使得地震規模變小。

若問我的看法，我會說：

「指導靈確實了解常理所不可能知道的事。但是，指導靈所傳達的資訊也不是百分之百正確。相信或不相信都要由自己擔當責任來做選擇。」「指導靈有時是正確的，有時也未必。所以，完全依賴指導靈是不對的。」

這是我學到的經驗。

儘管如此，我現在仍然時時傾聽指導靈的話語，僅僅聆聽也有很寶貴的價值。這也是我從經驗當中得知的。

10 我們的誕生是宏偉宇宙計畫的一部分

生日的意義？

最初，為我們第一本翻譯著作《心靈之舞》尋找在日本的出版社時，幫我們促成這個契機的，是生日和我只差了一天的松尾先生。

另外，給我們帶來極大轉機的通靈者莉亞・白爾斯、還有我前世的母親，也都和我同一天生日。

回顧以往，對我而言重要的關鍵人物，他們的生日都與我有著不可思議的關聯性。

生日有著什麼特殊涵義嗎？

二〇〇九年，南美阿根廷的伊瓜蘇瀑布。

攝影：山川亞希子

我在「和平船」（Peace Boat）上時看到的彩雲。
彩雲是一種吉兆。

豎立在海面上的彩虹。二〇〇九年於和平船上拍攝。

你相信算命和占卜嗎？

你相信手相嗎？

我現在完全相信。

要說為什麼？那是因為相信比不相信來得快樂。

我想人生就是要做能令自己快樂的事，要活得開開心心的。

做快樂的事會變得幸福。

自己幸福，周圍的人也會幸福。

所以，保持愉快心情，玩玩算命和占卜吧。

不過，由於也有詐騙的算命師、或不太準確的手相師。所以我認為最好不要太過依賴算命師。保持愉快就好，**重要的決斷還是依自己的意志決定吧。**

世界上根本就不存在能夠完全鑑往知今的算命師，反而不缺騙人謀利的人。

若是相信了錯誤的事就不好了。要是由於自己發生了什麼倒楣事，剛好遇到有人要你買護身符，就付了昂貴的費用；或是相信負面的事而意志消沈，這些都是我們不想碰到的。

不過，「被欺騙並非偶然」，因此不管是不是被騙都沒關係。若是上當受騙，你從其中也能學到教訓。這種事情會發生，**一定是因為你的人生腳本早已安排了這段劇情。**

你身上所發生的一切事物，對於現在的你全都有其必要性。無論那是好事還是壞事——。

如果你老是上當受騙，一定是因為這些經驗有其必要。**為了從其中學習經驗，靈魂便將這些事吸引而來。**

世界上所有一切事物都在指導靈的預料之中，並非只有算命一事如此。你的人生只會發生必要的事件。

知道這個真相的人，面對人生的態度將變得開朗。知道一切都是為了自己靈魂的學習才聚集而來的，就不會有所抗拒，反而能夠較坦然接受現在的狀況。

我們所翻譯的《秘密》以及其他許多作品都提到了「吸引力法則」。**真正**

的「吸引力法則」指的並不是為了利己而吸引金錢或物質的方法，而是「來到自己身邊的事物，全都是自己主動吸引來的」。

一切全是自己的責任。這句話聽起來或許很嚴格，但這並不是在責備什麼人，只是陳述一個很單純的**宇宙秘密**而已。

我認為人皆有各自的命運。會成為總理大臣的人，遲早總會坐上總理大臣的位置；能成為名人的人，總有一天能夠家喻戶曉。

你不覺得自己內心深處其實早就了解自己的命運嗎？

真正的自我，清楚知道自己的命運。

下定決心「我絕對要成為億萬富翁」的人，最後變成億萬富翁的可能性一定比較高。因為他們一定在什麼地方明白了「自己會變成億萬富翁」的命運，所以產生這個意念。所謂的**「心想事成」**說的正是這麼一回事。

能發自內心想像的人，就能夢想成真。無法想像自己變成富豪的人，就是因為對於自己的命運沒有那樣的計畫。

不過，「超過需要的金錢是不必要的」或許才是有信仰的人們真正的想法。因為過度的奢侈，不是會對地球環境造成不好的影響嗎？

謙虛的活著就好。

我無法想像自己變成大富豪的樣子，因為我並不是為了那樣的計畫而生的。

一個人只要使用必要的資源便已足夠，整天為金錢勞碌不已，成為「金錢的奴隸」，難道真的會幸福嗎？

我認為生日具有神秘的意義。

占星術、四柱推命、命理學等，都是以出生日期為基礎，這是自古以來便存在的算命方式。

在占星術中，宇宙間星星的位置，和命運間有著關聯性。這是因為**我們的出生也是偉大的宇宙計畫中的一部分**。這麼一想，就感到有種嚴肅的氣氛。

世界是由我們每一個獨立個體所共同組成的，每個人不就是極為美好的存在嗎？

當然，即使是同一天出生，也不表示個性一定完全相同，會走上相同的人生旅程。因為出生的地點、時間、DNA等都不同，性格和人生也當然有所差異。再加上前世的體驗也會造成全然不同的影響。

由生日推算出的命運，只不過是其中的一小部分。

比如說，我有個同年同月同日生的朋友，不過兩人性格完全不同。他是我在大藏省的同梯，後來擔任國會議員，是個十分有自信、氣勢不凡的人。

他曾經笑著對我說：「我完全不相信生日會決定命運，如果說你我因為生日相同所以有相同的命運，我完全無法苟同。」

我也有同感，我和他似乎可說是性格迥異、命運完全不同的人。

但是，若是仔細深究，也可以說我們之間仍有許多相似之處。雖然他成為國會議員活躍於政壇，但後來由於選舉法改變，不得不中途放棄了從政之路。「人生旅程中面臨巨大的轉捩點而不得不轉彎」這一點也和我相似。我們就讀同一所大學、在同一個職場工作，仔細探究，或許還有其他更多相似之處。

但是，無論如何，不管和什麼人相比，或多或少我們總是可以找到某個共通點吧。因此，他的觀點「不相信生日決定人的命運」我也覺得完全正確。

不過，也不必因為同年同月同日生的人命運沒有共通點，就完全不相信算命，或許這個結論也下得太快了。

算命最重要的，並不是「哪些地方推斷準確」，而是**「藉由算命而了解自我」**不是嗎？

我這一次的人生，是為了學習什麼而來？

你是為了什麼而降臨地球？

這一次，自己將面臨什麼樣的課題？

或許算命可以成為獲悉這些答案的線索，這麼想來也很有趣。

所以，**我不會因此被算命師所左右。**一直到現在，自己該如何前進，我都聆聽自己內心的聲音，自己作決定。

你應當很清楚其中的答案。

因為一切答案都存你在自己的心中。

11　人生中沒有任何一件事是錯誤的

改變人生直到覺醒為止

當我意識到「真正的自我」時，我的生命長流掀起了洶洶巨浪，因而產生莫大轉變。

回顧自己成長的歷程，對於理解真正的自我，以及為了脫去過往一直披在身上的外殼，讓自己活得像自己，有極大的幫助。

我想敘述一下關於我是如何被扶養長大，如何成長的過程。

我於一九四一年十一月二十一日，出生在靜岡縣的濱松市引佐町金指。兄弟姊妹有七個人，依序是男、男、女、女、男、男、男。我排行第六。

當時中日戰火已經點燃，國家政策是屬於「增『產』報國」的年代。因此，父母便老老實實地配合國家政策，孩子一個接一個生。真是當時的好國民。

我曾想過，若不是因為戰爭導致政府推動生育政策，或許我就不會出生。當時中日戰爭已開打，我出生還不到一個月，就發生了珍珠港事變，可以說我剛好誕生於美日戰爭開戰的前夕。

之後，戰事逐漸擴大，演變成大規模世界性的戰爭。

最初日本大舉佔領東南亞。佔領馬來西亞時，所獲得的橡膠量，足以鋪設全日本的道路，當時連父親在內，所有日本人都興奮不已。

然而沒多久，中途島海戰大敗、大和戰艦沈沒，日本轉而陷於極為悲慘的境地。

父親當時是金指的引佐農業高中老師，我們稱之為農校。

戰爭一直持續到我三歲八個月為止。我還有印象的是有一天我在庭院裡挖的一個濕漉漉的防空洞裡，看到一隻巨大的蚯蚓，以及那些扛著槍、穿越我家門前伊井谷小路的軍隊。大我三歲的哥哥最先學會說的話是「扛槍兵」（扛著槍的阿兵哥）。軍隊行進的樣子，想必在年幼的哥哥心裡也留下了難以磨滅的記憶吧。

不久，靠近南邊的濱松市遭受嚴重的空襲，從金指也可以清楚看見因燃燒而染紅的天空。看到燃燒般天空的隔日，撿回一命從濱松市逃出來的人們，由於空襲，房屋被燒掉而無家可歸，戰後便在金指安定下來。在我家附近開了珠算教室的伊藤先生，就是當時無家可歸的人之一。

昭和二十年（一九四五年）八月十五日，日本戰敗。父母努力生了那麼多孩子，還好趕不上徵兵的年齡，因此幸運地，我們家兄弟沒人經歷過戰場殘酷的殺戮，全都安然無恙。

戰後，我們家貧窮的生活更是嚴重，幸好租的房子還附帶一塊可以耕種的地，父母另外又在三方原租了一塊荒地，栽種麥子、蕃薯等供全家三餐。不過，食物還是不夠，媽媽和姊姊經常出門以物易物來交換一些其他的食物，勉勉強強才能從農家那裡換來一點溫飽。

我們家還養了雞，也種了南瓜，全家每個人都要分攤工作。當時大家雖然都很貧窮，但因為我還在懵懵懂懂的年紀，只懂得天真的玩耍，每天都過得很開心，完全沒有感受到家裡很貧窮這件事。

那個時代還沒有電視機，對於我們家第一次打開收音機，聽到當時流行的「蘋果之歌」流瀉而出的喜悅之情，我至今仍記憶猶新。這首歌由佐藤八郎作詞，歌詞的第一句是「把紅紅的蘋果拿近唇邊」。

昭和二十三年，我就讀金指國小。金指町當時是日本的小鎮之一，町裡的小學每個學年只有一個班級。

當時我是個怕生、瘦弱蒼白的少年。雖然體力不佳，但成績很好。周圍的人看到我都說，「以後要去念東大喔。」**所以不知不覺中，心裡牢牢烙下「會讀書的人一定要進東大」的想法。**

接下來，讓我更扼要說明。

小學五年級時，長年在引佐農業高中擔任教務主任的父親，轉任到另一間農業高中擔任校長。隨著父親職務的異動，我們跟著搬到富士宮市。四年後，我中學三年級時，又轉學到菊川町，在校期間曾遭到霸凌。

經過一年的落榜重考，昭和三十六年，我考上**東京大學的文科第一類**。因為從孩提時起，就被灌輸「進入東大很了不起，是件好事」，我抱著這樣的觀念而念書，壓根從未想過為什麼要用功讀書。

高中時期，不管哪個科目，我的成績都平平，因此，該選文科還是理科也沒仔細考慮過，還好當時自然而然地選了文科。想來，我是適合讀文科的人，要是選了理科大概會很慘吧。

直到入學第三年，我進了日本東京大學本鄉校區的赤門**法學部**，仍然沒想過這個問題。（譯註：赤門是日本東京大學本鄉校區在本鄉通側的一個大門，也是東京大學的象徵。）第一次攤開六法全書時，看到無法理解的印刷字體一排排呈現眼前，不禁有些驚慌，「怎麼選了個這麼枯燥的學科！」我煩惱不已，痛苦得不得了，幾乎到了神經衰弱的程度。

不過，我很快重新振作精神，決定參加司法考試。我花了一年很認真的研讀，很幸運的，在大四的時候，**我初試啼聲就取得很好的成績，通過司法考試。**

同一時期，我還去考了國家公務員的高等考試，同樣也取得很理想的成績。

學長們都建議我「成績好的人去大藏省比較有發展！」

「反正已取得資格，什麼時候想進入司法界應該都沒問題，大藏省究竟是什麼樣的地方？真想經歷看看。」當時我是抱著純然的興趣、帶著有點輕率的心情進入大藏省。

我是**大藏省**「（昭和）四十年組」被採用的其中一人。同期被採用的男性有十八人，東大佔了十六人，京都大學有兩人。「成為公務員就是為公眾服務吧」當時我只有這種單純的想法。至於個人的適性什麼的，想都沒想過，即使如此，我仍然在大藏省服務了二十二年。

進入大藏省不到兩年，我決定將志願改往外務省發展。但是因為我不會說英語，無法勝任外交官職務，所以便利用晚上時間，開始在四谷的一家英日會話補習班學英語。

在那裡我認識了妻子。我們在同一個班級，過去曾是同所大學、同一個年級的學生，只不過妻子專攻經濟學，而我是法學部。

一九六八年，我以外交官身分被派駐吉隆坡，在那裡舉行婚禮，蜜月旅行地點是馬來西亞的檳島。

吉隆坡的生活，每天就是重複著宴會、高爾夫、橋牌和麻將。當然也確實執行工作，只不過社交也是工作的一部分。

當時的皇太子和美智子皇妃曾訪問馬來西亞，能夠和他們有談話機會，真是令人難忘的回憶。

三年的外交官生涯一結束，我再度返回大藏省。隨即於一九七一年擔任鹿兒島縣加治木的**稅務署長**，這一年當中，我可說整個投入學習稅務，以及如何擔任上級領導的生活。當時我還是三十歲不到的年輕署長。

對我而言，這似乎不是很適任的工作。當一年的工作結束時，一個工友告訴我：「讓山川先生擔任稅務署長，他應該很吃力吧。」的確，這份工作不輕鬆，就某種層面而言，可以說是會招來憎恨的工作。雖然我本人相當樂在其中，但從旁人看來，或許真的是相當吃力吧。如今回想起這件事，對於協助我工作、培育年輕署長的署員們，我可是充滿著感恩之情。

由於我十分嚮往從前的國外生活，因此開始有了**「未來成為國際公務員以大展身手」**的想法。不過，這樣就更需要相關的國際學歷。因此，我找機會寫信給美國的大學，想研究看看有沒有在美國念書的管道。

結果，我獲得夏威夷大學的獎學金，一個人**到夏威夷大學讀經濟學**。大藏省慷慨地給了我二年的留學假。

在夏威夷念了一年的大學，有個教授推薦我「你可以進更好的大學。如果是芝加哥大學，獲得諾貝爾經濟學獎的米爾頓・傅利曼就在那間學校任教。」於是我便轉而就讀**芝加哥大學**。

原本在夏威夷第二學期和我一起念書的太太，因為想回日本工作而一個人先回國了。

我獨自到芝加哥大學開始攻讀貨幣主義經濟學。然而，我發覺經濟學似乎並非我所該研究的路線。

雖然，不論法律或經濟，我都獲得很好的成績，但是我總覺得那並非自己真正該做的事情。

意識到這一點時，是我抵達芝加哥，和來自世界各國的學生聚在一起，大家自我介紹的時候。

「我從小物理就很拿手，所以選擇專攻物理學。」

「我對哲學很感興趣，開始用功後感到有趣又開心，因此決定專攻哲學。」

聽著他們逐一發表，我突然覺得自己很不一樣。

咦？大家都是因為喜歡、有興趣而決定的，因為這樣的理由而選擇專攻的科目。——那我呢？我又是如何呢？

我之所以選擇經濟學，是因為我是公務員，對於工作有必要。為什麼會當公務員？那是因為想為公眾服務，所以才會當公務員。聽我這麼說，有個來自加拿大的基督徒盯著我的臉，一副同情我的樣子問：**「你是說真的嗎？」**然後笑了起來。

我當時並不了解他說這句話的意思。當時的我，還不清楚自己究竟是什麼。說明白只不過是為了出人頭地，才選擇了我認為最必要的經濟學。

心中雖然曾經一度浮現疑問「攻讀法律和經濟，難道是錯誤的選擇嗎？」但如今我明白，人生並沒有所謂錯誤的選擇。

所謂人生，是每一個人以自由意志在每一個瞬間自己抉擇。即使表面上看來似乎是錯的，那也只是**必須體驗的道路**，現在我完全明瞭了。

人生並沒有任何一件事是錯的。當下我也只是做了該做的事。

最後，我完成在美國的兩年學業，回到日本。

回到大藏省後，由於「你的英文不錯」而被任命為財務官的助理，接著又調動成為**聯合國大學**的財務部長。確實，以日本人來說，我的英語還算過得去，但因為是出了社會之後才開始進修語言，我自認並沒有達到滿意的程度。

因此，回國後，我又加入了英語演講俱樂部。當時，我學習英語是希望自己將來萬一派任國際機構時能夠以流利的英語暢所欲言，以能夠勝任議長的職務為目標。

外調到聯合國大學兩年後回來，我擔任神戶海關總務部長時，演講俱樂部的友人告訴我「有個全程以英語進行的研習會，你不妨去參加看看。」雖然我問他「能否告訴我更詳細的內容。」但朋友也只說「總之你先去體驗看看。」

我想能藉機磨練英文總是件好事，所以就決定參加了。四天的研討課程費用是日幣七萬五千元，不過附帶了一個條件「如果參加後覺得沒有這個價值，可以退費」。

這是在神戶的加拿大國際幼稚園舉辦的研習會，講師叫做鄧肯・卡利斯特（Duncan Callister），是一位長相英俊、目光犀利的年輕講師。現場沒有口譯人員，全程以英語進行，總共有十二人參加研習會，幾乎全是住在神戶地區的外國人。

研習會時輪流凝視著對方的眼睛，從「我能信任你」、「我無法信任你」、「兩者都不是」三個回答當中選擇其中一個告訴對方。這是練習課題（WORK）的其中一項，即**觀照自我內心變化**的練習。

當時我完全不了解自己在做什麼。但是我發現只要對方一說「我能信任你」，我就會回答對方「我能信任你」。看著陌生人的眼睛，即使感受到的是不能信任對方，我仍舊說不出「我無法信任你」，我覺察到**難以坦誠直話直說的自己**。

我們還進行了其他各種活動，觀察自己內心和情緒起了什麼樣的變化，換句話說，觀照自己的覺察活動正是研習會的目的。

能覺察到有生以來自己從未發現的一面，發現自己自然而然產生的反應，對我來說，是一種非常新奇的體驗。

鄧肯為了要撼動我們的情緒、引導出我們真正的心聲，故意用污衊的言語呼喊、吼叫，甚至叱罵我們。

這是「觀照自我內心」的研習。英語稱它為「self-awareness」，我個人將它譯作「自我覺醒的研習會」。

透過這個研習，讓我明瞭到觀察自我是多麼的重要。

「自己的情緒，現在處於什麼狀態？」

「自己現在感受到什麼？」

「我對自己的想法是什麼？」

我明瞭了至今從未思考過的重要課題。

自我觀察是我從未體驗過的經驗。

接受這個研習以後，我開始涉獵這方面的書籍。

「我究竟是什麼樣的人？」

我想找能夠解惑的，因而將從未接觸過的領域書籍買了回來，並且讀了瀨戶內寂聽（譯註：日本小說家，也是佛教天臺宗的僧侶。）等人的書。

我始終認為**「成長就是逐漸控制自己的情緒、不輕易因為周遭的事物而動搖」**。因此現實生活中，不知不覺就養成了抑制情緒的能力，我認為不可以輕易流露情緒，忽視情緒才是正確的。

在日本的男性成長過程中，都會被要求這麼做，而當事人也會往這個方向努力。

我讓自己盡可能不會感到悲傷，因為我討厭表現出情緒脆弱、負面情緒，也否定用哭泣來抒發情緒。

因此，當大藏省的朋友自殺身亡時，我沒掉一滴眼淚。雖然我對這樣的自己也感到「有點怪怪的」。

我初次發現：我所努力攻讀的法律和經濟學，並不是我真正喜歡的學問，研讀的時候，並沒有帶給我任何興奮喜悅的感覺。

原來我並不是基於喜歡或討厭、快不快樂來做選擇的，而是基於需要、成績好才選擇了法律和經濟。

發現這一點時，我真的很驚訝。

「理解真我果然很重要。」我總算大開眼界。

但是妻子的反應卻完全不同：向來可以安心依靠的丈夫，怎麼突然變得判若兩人？

「人生的意義是什麼？」、「人為何而活著？」、「該怎麼生存下去？」我開始說些從未說過的話，並且大量閱讀人生論的書籍，看到我這個樣子，妻子心想，我一定是加入了什麼新興宗教，她完全不了解我所講的事情是什麼。

於是我想「妻子也必須參加和我一樣的研習會才行。」可是由於她已經認定我一定是太投入新興宗教，因此完全不答應我的要求，以致兩人之間陷於僵局。

經過種種努力之後，我還是勉強她去參加研習。本來我以為「只要你參加了研習，就一定會了解的。」沒想到卻產生反效果。

妻子中途逃離了研習會。也就是說，她從神戶逃回東京，甚至威脅說「如果要我參加那種研習，還不如死了算了。」

但是，後來她在我面前盡情大哭，將長久以來壓抑在內心的情緒，以及對我的不滿，全部傾瀉而出。之後，令人難以置信地，她變得很開朗。簡直完全判若兩人般很開心的說「我想參加後半部的研習會。」

這是她人生中第一次感到豁然開朗。

第二天我們一起搭新幹線回神戶，她順利參加了全程的研習會。

我和她的人生自此開始有了很大的轉變。

不久之後，我就被調派到美國的華盛頓特區了。

12 現在正是覺醒的年代

次元提昇來臨

每當我看到彩虹，都剛好是某個人生階段告一段落的時候，譬如拋開不必要的侷限及恐懼、從本位主義中解放、靈性的提昇等等，我認為彩虹是來自神的訊號，所以我喜歡看到彩虹。

最近「次元提昇（ascension）」這個詞逐漸廣為人知。英語中次元提昇的意思是「昇華」，有「覺醒」之意，也意味著人類的進化更上昇一個層面。

想要知道自己究竟「上昇」到什麼層面，不妨試著面對自己，誠實的自我觀照。

1 喜歡自己嗎？喜歡你的城市嗎？喜歡你的國家嗎？你愛這個世界嗎？

2 漸漸減少說別人的壞話、中傷或指責他人嗎？

3 認為發生在自己身上的事都是由自己引起的、不責怪他人嗎？

4 對死亡不再感到恐懼、了解靈魂是永恆的嗎？

5 認為核子武器及軍隊是不必要的嗎？

6 信仰堅定嗎？（這裡指的並非宗教信仰）

7 你的行為並非出於恐懼，而是基於愛嗎？

8 你認同自己是愛的存在嗎？

9 每天懷抱著感謝而生活嗎？

10 認為自己得天獨厚嗎？

11 認為自己的存在是為了這個世界嗎？

12 能夠認為人皆平等嗎？

13 感覺這個世界並非競爭的社會，而是相互合作的社會嗎？

而且，

14你有「一切皆為合一（Oneness）」的感覺嗎？

如果對於上述這些你沒有任何不安，你就是完全提昇了。當你覺得自己和神合一，沒有分離，總是被守護著，所以發生任何事都沒關係，這種感受也是提升的証明。

如果完全沒有這些感覺也沒關係。

只要明白現在的自己很好、沒問題，這樣就足夠了。

讓我們練習去覺察活著的每一天。只要在自己內心尋找愛、和平、安心與神的存在就好。有個故事說，在家裡弄丟了鑰匙，到外面找是徒勞無功的。向自己的內在尋求吧，裡面就有一切你要追尋的答案。

找尋真正的自我吧。

回想自己是為了什麼而來到這裡的？

只要能夠覺察自己真正該做的事就可以了。

不過，事實上，**在這個當下你已經正在做你該做的事。**

所以，請你放心。因為沒有一個人所做的事是不該發生的。

不管什麼時候，每個人都在做著當下必須做的事。

目前為止，仍有許許多多的人向外尋求自己的幸福。他們相信只要擁有金錢、地位、名譽，就能夠擁有幸福。

但是有一天我們終究會了解，我們所尋找的並不是「金錢」，也不是地位，更不是名譽。

達到「次元提昇」境界的人，可以找到平安，人生便充滿喜悅。如古代高僧所說「砍材挑水」，頓悟之前砍材挑水，頓悟之後也相同，一樣是砍材挑水，表面上生活並沒有特別的改變。

你還是在那裡，從表面上來看，做的事和提昇之前仍然完全相同。

不過，**雖然你還是在那裡，你的人生卻將要有所轉變。**也許有人會來求助你的看法，你也不必做什麼努力就能幫助別人，同時，你對事物的看法、想法也會改變，因為你的波動頻率變得更高了。

人的思想一旦改變，吸引而來的事物也會轉變。你的人生際遇也會跟著改變。

「秘密」所談的吸引力法則並非有企圖的計畫，而是自然而然就開始運作。而宇宙將會給予我們最大的支援。

只要「每一天都對於幸福的活著，心存感謝」這就夠了。即使你沒有特別的企圖，周遭的人也會自然地轉變。

你將成為神的工具，和平的使者。

所謂次元提昇，就是意識到「真正的自我」。

已經提昇的人將不會感到恐懼，而會基於愛而行動；也不會彼此競爭，而是相互合作。

我們也沒有必要屯積超過所需的財產，也沒有必要只為自己的子孫謀取更多利益，因為你會知道，所有人終將合一，成為生命的共同體。

你將會明瞭，傷害他人就是傷害自己，希望有人會因此成為溫柔的人。你也會知道，任何傷害地球環境的事，也就是在傷害你自己。

明白自己就是愛的能量來源，你將會更珍惜自己。你不會再責備自己，認為自己毫無價值，也不會再蔑視你自己，做出傷害身體健康的事。

你將從「只要對自己有利就好」的我執中解放，了解人皆平等，人們互助互愛的重要。了解靈性層面的覺醒，了解自己在神的愛中被守護著，這一切只要活出自己就可以了。

最後，你將明白自己降生在這個地球上的使命。那就是愛你自己、愛你的鄰居、散佈愛與和平到地球的每個角落。

即使你因此變得有名、得到別人讚賞、成為有錢人、擁有權力，也不會因而去支配他人，而是與誕生於同一時代這個地球上的兄弟姊妹們，彼此相親相愛地共同合作。

了解這個真相，你的波動就會變更細微，愛的波動也能到達地球的內部。

從亙古以來，地球就圍繞在愛中。

你將會是誕生於當下這個世代，在日本或台灣，拯救世界的其中一人。宇宙正等待你的到來。

是的，你覺醒的時刻即將來臨。

每個人都將逐漸覺醒。

那就是次元提昇。

一切都不會有問題。

13 必要時隨時都會伸出援手

守護靈、指導靈

每個人都有守護靈或指導靈，他們從另一個世界來協助我們。通常守護靈是我們死去的父母、或是父母的父母，也就是祖父或祖母的情況較多。

最早出現我們身邊的指導靈自稱是聖日耳曼伯爵。

在此之前，我從未聽過聖日耳曼伯爵的名字。經過查證，才知道他是一個歷史中的謎樣人物，無法證實其真實性。他在法國革命前夕，出現於巴黎，我們可以在維基百科網站上查他的肖像，請讀者不妨一試，你就會看到他的長相算是個美男子。

據說，他曾出現在美國的沙斯塔山。由於傳說中他都出現在世代交替的階段，所以我想，我也正面臨世代交替的時刻。

某個大學教授因為曾翻譯有關聖日耳曼伯爵的著作，所以打了電話給我。「伯爵出現了嗎？他是個什麼樣的人？」他立刻來拜訪我家，告訴我「二十世紀結束前他會出現在日本」的預言，以及其他關於伯爵的事情。

我們受到聖日耳曼伯爵許多照顧。在幫助我們一家的同時，伯爵還從他所處的世界，伸手援助了其他許許多多的人們。他告訴我**「只要有需要，不論何時何地儘管呼喚我，我會立刻來到你身邊。」**然後他就消失了。或許他現在就在你的身邊。

一九八五年時，我透過美國靈媒莉亞・白爾斯和聖日耳曼伯爵有交流，當時他曾說**「未來你們將不需透過靈媒，而是可以直接與我交談。」**

當時我想「怎麼可能會發生這種事？」但他這句話後來真的應驗了。

起先是我太太。莉亞來日本時，曾告訴她「我回去以後，你應當能夠自動書寫，不妨試試看。」果然，當我太太拿起筆，她立刻寫下了「You are my voice（你是我的代言人）」這句話是來自於聖日耳曼伯爵所傳遞的訊息。

過了一星期左右，一天深夜，我突然感覺「或許我也做得到？」接著，我的筆就在紙上不受控制的開始書寫了。我的手不自主的在紙上以英文流利的寫下**「今天已經晚了，先去睡吧。」**

「哇！出現了！」我不禁驚愕萬分。

之後，伯爵說「我還學過日文呢！」，於是就以日文寫下了訊息。雖然一開始是憋腳的日文，但漸漸變得越來越順暢。

就這樣，我們開始直接與指導靈溝通，接收具體的指示，若是沒有指導靈的幫助，或許後來的我沒有辦法對抗嚴重的病魔侵襲。

當我氣喘發作時，指導靈告訴我「不要看醫生、也不要吃藥，如果發作了，就喝大量的水，盡量忍耐，我不會害你的。」，然後他又說「魚、肉等動物性的食物，絕對不能吃。」

我的氣喘逐漸加劇，發作時幾乎無法呼吸，只能痛苦地在床上不斷翻滾。

二〇〇九年大溪地。

攝影：山川亞希子

二○○九年，南太平洋上「天使的階梯」。

二○○九年，海上的粼粼波光，拍攝於和平船上。

最後不得不因而辭去大藏省的工作。

我想要搬到空氣好一點的地方，所以從港區的赤坂公寓搬到町田市成瀨台。搬到新家後，指導靈來看過我們。有關搬家時發生不可思議的事情，之後我會再描述。

即使氣喘非常痛苦，我也遵照指導靈說的，不去看醫生，也沒服用任何藥物。那真是宛如地獄般的三年。

我常被別人挖苦「你還真是對指導靈說的話深信不疑呢！」在《心靈之舞》一書中，莎莉說她自己是「輕易相信的傻瓜」，或許我們都是如此吧。

究竟是什麼讓我們如此堅信不疑呢？

我想一定是在某個時點，確知「一定得信守這個約定」，而這或許是出生之前就定下的承諾。

後來的三年中，透過聖日耳曼伯爵的自動書寫，我學習了一切。雖然我從他給的許多訊息中得到慰藉與勇氣，但病情仍是很嚴重，一步也出不了家門。

有一天，聖日耳曼伯爵告訴我這個訊息：

「我所要教你的全都教完了。我們就此道別吧。接下來會有別人來指導你。但是如果需要我時，你隨時都可以召喚我。」

雖然我沒看過聖・日耳曼伯爵實際的模樣，但是我每天都透過妻子的自動書寫獲得許多訊息，所以感覺已經變成了朋友，看到妻子筆下寫出「我們就此道別了」時，我忍不住淚眼潸潸。指導靈的存在歷歷在目，我已不再認為這是夢境或幻影了。

第二天，新的指導靈捎來了訊息。是來自亞西西的聖方濟（Francesco d'Assisi）。我們並沒有任何宗教信仰，也並非基督教徒。聖方濟對我們而言，只不過是一個歷史上的人物而已。只是在我和妻子對義大利的亞西西還一無所知時，我們就曾造訪過聖方濟曾居住過的城市。之後回想起來，這也並非純屬巧合。

雖然我辭去了大藏省的工作，搬到町田的成瀨台，氣喘病卻沒有就此好轉，反而越來越嚴重。就算想好好吃頓飯，只要氣喘一發作，我就完全無法進食，於是體重從六十公斤掉到四十二公斤，簡直瘦到只剩皮包骨了。但是因為我的臉型看起來不怎麼瘦，所以從外表並不會感覺我瘦了很多。

能讓我稍微排遣心情的，是陸陸續續造訪我家的人們。

來到我家的人，都是藉由口耳相傳，希望能透過指導靈知道自己前世的人們。每一個來到我家的人，都要求「請告訴我關於我的前世。」

妻子從指導靈那裡接收訊息後，產生自動書寫的內容，依照記錄，當時來我家的人幾乎前世全都曾經是義大利人。他們幾乎都是昔日曾住在亞西西，或是和聖方濟有過因緣的一群人，其中也有人前世曾是聖方濟的同伴。

由於這個原因，前世曾和亞西西有因緣的人們就組成旅遊團，一起造訪亞西西。如此去亞西西的旅行一共舉辦了三次。

第一次旅行，我因病而沒能參加，第二次總算勉強成行。同行的山田女士途中還經歷了聖方濟降靈的經驗，是一趟很不可思議的旅行。

那次旅行我們製作出《**亞西西之丘**》（北原教隆攝影　山川紘矢・亞希子

文）的攝影集。起初是大開本的攝影集，現在則由日本教文社發行了三十二開的版本。

我們受到指導靈聖方濟的照顧。他教導我們很多，例如「要像野地的花一般美麗的綻放，並且付出關愛給人們」等。

後來降臨我們身邊的變成**耶穌**。因為這件事太過匪夷所思，所以在我們接收了耶穌訊息後，有很長一段時間，我都不曾對誰提起過這件事。

我不想被人認為是怪胎。不過，有件還蠻有趣的事情值得記錄下來。

這是當我還在美國時，我和美國朋友的母親談話時所發生的。對方是信仰十分堅定的人。在我們交談中，我坦白告訴她「我曾收到來自耶穌的訊息，也和祂交談過。」結果她回答「這很平常，我們也常和耶穌說話，只要是信仰堅定的人，都能和耶穌說話。」

聽了她的話以後，我鬆了一口氣。我們雖然沒有加入任何宗教，但是我有自己的信仰。而且我也喜歡耶穌。因此，我接受了和耶穌的交流，把它視為是一件很普通的事。

我可以自稱為「隱性的基督徒」，是耶穌的朋友。或許，說自己和耶穌是朋友，會被認為狂妄自大，不過，只要了解人皆平等，就不會認為和耶穌是朋友是件奇怪的事。

多虧和耶穌成了朋友，我去了兩趟以色列。我想我一定也曾出現在耶穌所活著的時代。

雖然我對聖經不太熟悉，不過對新約聖經略有所知，我知道聖經上說「愛你的鄰居」，也明白聖經上說「愛你的敵人」其中的道理，因為，我清楚知道，事實上，敵人根本不存在。

我是個如假包換的「一人基督徒」。

14 不受過去束縛，活在當下

我有幾個前世？

有人認為**不要知道前世比較好**。知道了前世，腦子就會開始胡思亂想，一點意義也沒有。

在華盛頓特區時，我曾參加過亞歷山大・艾瑞特（Alexander Everett）的研習會。他原本是英國的教育工作者，遠渡重洋到美國教授企劃能力開發。他對於「人類有前世」的想法，就像地球繞著太陽轉動般的理所當然。他主持的研習會中，有人提出疑問「如果想了解自己的前世，該怎麼做才好？」

艾瑞特勸導我們「沒有必要勉強探索前世，這一次的人生已經很辛苦了，了解前世反而使你的人生變得更複雜。」

或許真的如此。

我想，只要了解「人有輪迴轉世。我們不曾真正死去。靈魂永恆不滅。」就夠了。

「前世是過去的事，現在的人生是最重要的。」即便在這次的人生中，過去的事也只能算是過往雲煙。所以**不要被過去所綑綁，也不要寄情未來，只要把目光著眼於「當下」好好活著**就可以了。

這才是「活在當下的力量」。

若是無論如何都想知道前世，可以向神或天使祈求，藉由夢境，或是坊間的前世催眠，都可以辦得到。

還有人寫信告訴我們：由於聽了我們翻譯的布萊恩魏斯博士前世催眠療法CD，而知道了自己的前世。我想，只要時間到了，你就會知道自己的前世，該發生的事一定會發生。

我所尊敬的布萊恩魏斯博士所寫的《**前世今生**》以及《**生命輪迴**》（*Through Time Into Healing*）等書，也請各位務必一讀。光是書中這句話「明白我們是永恆的存在」，就足以改變我們的想法，使我們對人生採取截然不同的態度。「此生我們究竟是為了學習什麼而來」探究這樣的事，不是很快樂嗎？

《前世今生》的內容在講述一位接受二十世紀科學洗禮的精神科醫師布萊恩魏斯博士，當他為病患凱瑟琳進行催眠治療時，凱瑟琳回到埃及時代的前世，再度體驗前世的經歷。書裡有作者藉由患者回溯前世的體驗，治癒精神疾病的真實事件。這是一本美國暢銷書，有許多人因為讀了這本書，因而改變了自己的想法。

我們還在美國時，造訪了販售有關靈性指導書籍的書店，這些書吸引住我們的目光，因此我們便委託日本ＰＨＰ研究所出版。

《前世今生》原書的書名是《眾多的生命・眾多的大師》（*Many Lives, Many Masters*），在日本出版時，不得不選擇出版社能夠接受的譯名，加上

「療法」兩字，是為了避免神秘學的聯想，感覺上比較帶有科學的味道，於是日文書名變成《前世療法》，終於得到ＰＨＰ研究所的編輯們認同。

日文書名採用《前世療法》的命名方式似乎成功了，這本書也成為長期的暢銷書，而我們想出來的「前世療法」一詞，也成為極普遍的名詞，受到大眾廣泛使用。

之後我和魏斯博士在日本及美國有幾次碰面的機會，魏斯博士對於我們的翻譯也感到極為喜歡。接著，我們又繼續翻譯了《生命輪迴》、《返璞歸真》、《靈魂療法》（*Message From The Masters*）《前世今生來生緣》（*Same Soul*，*Many Bodies*）（以上日本版皆為ＰＨＰ研究所出版）等有關輪迴轉世的書。

我並不認為自己非得探索曾經生於什麼時代、什麼國家、過著什麼樣的人生。因為**只要時機來臨，你自然而然就會了解**。

了解前世，就能超越時代、國境、人種、階級意識。人生就像是電影，我們是裡面的演員，只是扮演被賦予的角色而已。當我們看古埃及或耶穌時代的電影，只要想到我們前世也曾生於那個時代，就更能產生一種熟悉感。

另外我發現，如果自己前世曾是歐洲人、美國人或印度人，到那個國家時，會倍感親切。**人們在下意識會選擇自己前世的國家去旅行。**

就如先前我提過的，我是透過美國的靈媒莉亞・白爾斯，了解自己的前世，起先她告訴我前世曾是中國人、俄羅斯人、美國人。然後，我又經由其他機緣，得知自己曾是英國人、美國印地安人，自己也恍然大悟，了解過往的機緣巧合其來有自。

譬如說，我曾經非常喜歡加州的依沙蘭（Esalen Institute，位於BIG SUR大浪鎮，是身心潛能開發研究中心，常年舉辦各種提升自我覺察的研習會），這八年間，我幾乎每年都會去那裡。在那裡我曾遇過一個二十歲的美國青年，因為他非常想來日本，我隨口說了句：「要不要來我家？」沒想到他真的來了。

他叫鮑比（Bobby），身材很高大，雖然已經大二，卻有著少年般的純真。我們因為沒有小孩，所以短期收留二十歲的他，就像突然有了自己的小孩一樣，讓我們感到興奮莫名。我們買了小孩用書，從日文基礎的「あいうえお」開始，數字一到一百。鮑比雖然不太喜歡念書，但令人驚訝的，他在很短的時間內就學會了。

因為他說想學劍道，所以我幫他加入明治大學劍道社的社團。他喜歡練字，一開始字便寫得很漂亮。吃的方面，他喜歡日本食物，納豆、醃蘿蔔、海苔等都是他的最愛。

雖然他待在我家的時間只有短短一個月，我就像他的父親般無微不至地照顧他，超過他平時該回來的時間還沒看到人影時，我就開始擔心他是不是已經喝到爛醉如泥。

「為什麼這麼湊巧會收留他呢？」我不禁這麼想。

於是我問了指導靈有關我和他前世之間的關係，然後知道了下列的事情。

我以前曾是住在加州依沙蘭某處的印第安人。在這一世，鮑比是我的孩子。可是為人父親的我卻因工作遠離家園，沒有盡到照顧孩子的責任，有孩子也跟沒孩子一樣。

因此這輩子我必須照顧他，償還對他的虧欠。是真是假我並不知道，但卻因此深切體會「原來如此」，所謂緣分的確不可思議。

另外，鮑比也曾是日本人，他住在江戶的下町，因為教授書法而受人尊崇，在那一世的人生中，他劍道的技術也非常優異。

鮑比前世曾是日本人這件事，我、鮑比或周遭其他的人都十分能夠接納，說起來他這麼強烈地想來日本而終究達成所願，也是件冥冥中似乎早已註定的事。

我討厭寒澈刺骨的冬天。這該不會是因為當我是俄羅斯人時，曾被關入冰冷的監獄凍死，是受到這個經驗的影響？透過莉亞・白爾斯得知我的前世時，知道有一世我曾是俄羅斯人，因為當時的人民不堪統治者的過度壓榨而發起革命，我也是其中的一分子。聽到前世的我因失敗而身陷囹圄，竟有一股格外的真實感。

或許我和聖方濟曾在前世見過面。

描述聖方濟的電影《太陽兄弟 月亮姊妹》（*Brother Sun and Sister Moon*）是我喜歡的電影之一。

每個人都將在所有世界中重生，這或許是為了使我們了解世界合一所做的練習吧。

真是很有意思的一件事。

15 人各有命

離開大藏省

莎莉麥克蓮的《心靈之舞》由地湧社出版是一九八六年的事。我當時是任職大藏省的公務員，這本書是基於個人興趣翻譯而出版的。當時大藏省的前輩也有人出版了關於電影評論的書、研究蝴蝶的書，也有出版幽默散文集等，因此出書在當時並不是件稀奇的事。

但是，身為國家大藏省的公務員，卻聽從指導靈的命令，經常和指導靈有交流（就是在下我），或許就有點疑慮了。尤其，當時我還是國稅局國際第二課長的重要接班人。

身為公務員，有時不免有愚蠢的權利鬥爭，一旦心裡覺察這種行為的愚蠢，就無法置身其中。因為這個關係，我逐漸變成一個沒用的公務員，沒辦法，無聊的事怎麼說都是無聊。

《心靈之舞》出版後，不知是幸還是不幸，一開始銷售量很差。我靈光一閃「對了！送給名人讀一讀吧！」

因此，我查了一下，找了一些對靈性指導似乎能接受的名人，把這本書寄送給他們。當時大概送了一百本左右吧。我還記得，我把寫著名人姓名的郵件拜託妻子，到附近的郵局幫我交寄，妻子還說「實在覺得非常不好意思。」

有一本送給瀨戶內寂聽，她在偶然的情況下閱讀，並在朝日新聞專欄發表了一篇「莎莉麥克蓮的書真有趣」。

另外，料理研究家飯田美雪小姐也在週刊裡發表了一篇「莎莉麥克蓮的《心靈之舞》非常有意思，是本好書」的文章。多虧這些文章，書獲得好評而開始大賣。

庫存很快就賣光了。形成暢銷卻無書可賣的狀態。不過，地湧社對於暢銷書這件事感到很不安，他們擔心判斷錯誤，以為是暢銷書而再印刷，結果卻賣不出去而遭到退貨。由於有些出版社就是這樣以致倒閉，不過，地湧社還是決定增印。

當時對出版界全然陌生的我，竟然自以為是地說「這本書在美國賣了幾百萬冊，所以在日本賣一百萬冊應該也不是問題。」

然而，我卻從那時開始生病。我得的是氣喘，是一種非常麻煩的富貴病。由於我的親友沒人得過這種病，因此它究竟是什麼樣的疾病，一開始我根本沒概念。只是覺得呼吸變得很痛苦、突然喘不過氣來。

工作當然是無法照常了，於是在下一波的人事異動中，我被調任到大藏省財政研究室，這個工作讓我在氣喘發作時隨時都能休息。

在研究室有大學、銀行及其他政府部會調任來的人，也有專門研究財政金融的有為青年。坐在我隔壁的，就是不久後成為大臣的竹中平藏。

有一次我和竹中先生一起吃中飯，席間偶而和他聊到有關人類命運的話題，大概是些「人大概有著各自的命運吧。」之類。他是個很忠厚的青年，當時或許只是為了應和我的話才表示贊同吧。總之，後來，他成為小泉總理身邊的大臣，說不定那時，他已經隱約知道自己的命運了。

我的氣喘越來越嚴重。有一天和妻子一起出門，當我想要爬上地鐵的樓梯時，氣喘突然發作，根本就爬不上去。看到我這種狀況，妻子似乎已經我明白「非辭掉工作不可了。」

問了指導靈後，指導靈卻表示「現在還不能辭去大藏省的工作，因為必須透過你為大藏省帶來光明。」

我本身對大藏省也仍十分眷戀，因為我仍期待著，若是待在大藏省，將來或許能有機會以日本代表身分在國際間大展身手。

然而有一天，我明明沒有感到任何悲傷的情緒，雙眼卻流淚不止。

因為是第一次發生這種狀況，「這是怎麼回事？」剛開始我也是不知所措。

但不久我隨即恍然大悟，「這是神給我的訊號，告訴我辭去大藏省的工作也沒關係」。

我在次一波的人事異動期間辭職。大藏省因為擔心我的未來，把妻子叫到人事課，問她「接下來少說還有三十年的日子要過，這樣沒問題嗎？」

妻子回答「過日子的話，勉勉強強總是過得去，我想不必擔心。」

我在大藏省服務了二十二年。期間在外務省待了四年（亞洲局一年，馬來西亞的日本大使館三年），美國大學研究所待了二年、聯合國大學二年、世界銀行三年、加治木稅務署一年、神戶稅關二年等，這二十二年的時光真是一轉眼很快地就過去了。

回想起來其中特別開心的是，在馬來西亞擔任外交官時期，以及在夏威夷、芝加哥等美國大學研究所的留學生活，還有在聯合國大學及世界銀行的國際公務員時期。尤其是在華盛頓特區那幾年的生活，妻子也認為那是她最快樂的時光，當時她到著名的史密森尼博物館（Smithsonian Museum）愉快地從事義工活動。

當時我覺得自己非常適合國外的生活，也曾想過未來就在國際機構工作。我冀望在大藏省能有外派到國際機構或外務省的機會，即使當自己感到「該是辭職的時候」，依然對於如此充滿機遇的公務員生涯戀戀不捨。我感覺自己的留戀化為一股能量形態，幾乎快要變得具體可見的形體般明顯。

然而，我畢竟無法戰勝疾病，妻子也建議不如乾脆地告別公務員生活。她告訴我「我會照顧你的，不用煩惱」而我也私心想著，若是辭了大藏省的工作，神就應該會原諒我，病馬上會好起來吧。在大藏省舒舒服服的優渥生活，使我有點罪惡感，以為這就是得病的主因。

從美國回來後，我們一直住在赤坂的公寓，那是一個不適合養狗的地方，也沒有電梯可以使用。由於泡沫經濟來臨，公寓的價格變成一戶一兩日圓，資產增值的速度之快令人不敢相信，身為住戶的我，也興起了希望房價更高的欲望，我想這也可能是我得病的原因之一。

於是，我為了健康，打算搬到空氣清新的地方，同時也為了當時我們所飼養的兩隻狗，便開始尋找新的住處。

有一天，從大藏省下班回家的等車途中，連接田園都市線往長津田方向的電車終於來了。平常大約搭個十分鐘，就可以到我家青山一丁目站下車，但是那天，我突然心血來潮「今天就搭到找房子的地點吧。」

所以我多花三十分鐘左右搭到終點長津田，一下車立刻看到不動產仲介公司的招牌，我便直接進了那家店。

當天那家店正好休息，只有一個人值班。

我表示「想找一間房子」，對方立即回答「那麼，我為您介紹幾間。」然後便開車載我去看房子。第一間在長津田車站附近，但我並不怎麼喜歡。

接著車子又開了相當遠的距離，通過有高大的櫸樹林的道路後，到了第二間，雖然離主要道路有點距離，但是庭院很大，也有田地。

看到那個房子時，我心想「啊，就是這個房子了！」然後我立刻說「我買了。」

後來我才知道，原來這間房子還有人住著。住在這個房子的老太太，並不知道房子要賣出去了，因為他們還有另一間房子，所以家人並沒跟她商量就直接連絡仲介公司賣房子。

我也沒事先和自己的妻子商量，就立刻開口說「好！就買這一間。」當場就簽了契約。

回到家後，我對妻子說「我已經找到新家的地點了。就在町田市的成瀨台。」

「咦？町田市！我不想搬到那麼遠的地方。」妻子立即表示反對。

她從出生到那時，從來沒有住過東京外環線的地方，是個徹頭徹尾的東京人。

「我已經決定了。若是你這麼想，那麼就幫我問看看指導靈的意見。」我這麼拜託妻子。

妻子心不甘情不願的幫我問了指導靈，她的筆很流暢地自動書寫起來了。

「我們所找的房子你喜歡嗎？這間房子是我們費了一番工夫才找到的。」

指導靈告訴她這樣的訊息。

妻子看到指導靈說的，也就接受了事實。

如今回想起來，沒和妻子商量一聲，就突然買了地點那麼偏遠的房子，對於自己的這個舉動我也感到很不可思議。若是平時的我，絕對不可能這麼一意孤行，因為我向來對妻子的意見非常重視。

不管怎樣，由於這麼不可思議的際遇，使得我們從東京的正中央，搬到西端角落的町田市成瀨台。後來我才知道，從那裡到最近的車站要走三十分鐘。

當時這個地方保留了比現在更多的自然景觀，庭院角落也曾有過狸貓來生小孩，兩隻小狸貓非常可愛，只要咚咚地敲著餵食的碗，牠們就會從溝裡露出小臉，跑來討食物吃。

搬到町田之後沒多久，我就辭去大藏省的工作。

當時我的病情越來越嚴重，痛苦得只能整天臥病在床，一步也無法踏出家門。

妻子帶著兩隻狗，每天都到附近散步。雖然心裡想著「我究竟搬到什麼樣的地方來了？」但是我連用雙眼親自確認，這麼簡單的事情都辦不到。

16 「覺醒」就是接納一切和愛

「懶人的覺醒法」

出版《心靈之舞》時，我和妻子都沒想過我們會把翻譯當作工作。當時只是抱著「讓日本人能夠讀到有趣的書」而翻譯，看到翻譯的書印成鉛字出版也是樂趣之一，只是這樣單純的心情而已。

沒想到接連出現指導靈、罹患重病、搬到町田、辭去大藏省的工作，意想不到的事情一件接連一件發生了。

接著，莎莉麥克蓮也陸續出版了其他書籍，於是我們接收出版社的委託翻譯，一九八七年出版《*Dancing in the Light*》、一九八八年《*It's All in the*

Playing》（均由地湧社發行），平均一年以一本的速度翻譯出版。

在我過著和病魔惡鬥的生活和妻子努力工作的情況下，生活仍舊不斷繼續下去。我們搬到町田後，氣喘變得更嚴重，發作時簡直過著生不如死的生活。即使如此，我們還是經由未知世界的指導靈們的援助，總算能夠忍耐日子的煎熬。此外兩隻比熊犬——吉維（Chevy）和凱西（kissy）也給了我很大的慰藉。

可愛的吉維和凱西就像會走動的填充玩具，簡直就像我們的孩子一樣。兩隻狗都來自於華盛頓，當初帶回日本時手續煩雜，也花了許多錢。

一九八八年除了莎莉麥克蓮的書之外，我們還出版了一本**《懶人的覺醒法》**（瑟提雅・葛拉斯Thaddeus・Gorath著）。

這本《懶人的覺醒法》是我在美國時拿到的，作者瑟提雅是個過著嬉皮生活的人。原書是本自費出版的小冊子。作者原來在街上販賣自己出的書，經過口耳相傳，頗獲好評。

我偶然讀了這本書，於是想將它譯出來。這本書版權是屬於瑟提雅所有，我們寫給出版社詢問的信件，因緣際會到了本人手上，瑟提雅表示願意授權讓我們出版。書的內容蘊藏**寶石般的真理**，所傳導的波動及光足以改變我們的意識。

但是對於不了解的人來說，這卻是一本完全莫名其妙的書。

我先來大致介紹一下內容。

「你我都是生而平等的。」

「所謂宇宙，就是你我彼此是互相的關係。」

「依據意識層級的現有狀態不同，人生中所發生的事也有所區別；例如意識層級高的人，不會發生離譜的事件。」

「不抗拒就是覺悟。」

「愛惜原本的樣貌。」

「盡可能愛你自己原本的樣子。」

「不管你是否自覺，存在的一切都來自同一根源。」
「不論你是否感覺到了，你和宇宙一切的愛是合一的。」
「不需任何理由，請你儘管去愛。」
「我現在所寫的一切，是存在我內心全部的呈現。」
「無論以何種方式覺察，覺察就是覺察。」
「無論你現在處於何種狀態，無保留地愛惜原原本本的自己。」
「不需要爲了覺察，而覺得有什麼非做不可的事。」
「爲什麼過去會想要被人疼愛、被人認同呢？」
「若是連身陷地獄都能愛，你就是住在天堂了。」
「感謝你們，我的兄弟姊妹們，引導我的意識直到如今，感恩。」

我和瑟提雅從來沒見過面，但彼此頻繁地以電子郵件相互連絡。他很喜歡日本，是個非常好的人，我們因此成為很好的朋友。他還說「要是在日本出版了，我們就平分盈利吧。」一對翻譯的人而言，是很好的條件。

遺憾的是，現在瑟提雅已經不在人世。「想見的人，一定要在對方有生之年見面」是我從瑟提雅的死亡學到的最大教訓。

我希望終有一天能夠出版關於瑟提雅人生的傳記，我深信，瑟提雅現在一定也在某個地方守護著我們。

我在《懶人的覺醒法》後記中，寫了這麼一段內容。

雖然我曾經希望《懶人的覺醒法》能更早出版，但因爲我突然罹患嚴重的支氣管炎氣喘，所以出版時間延遲了許多，爲原作者瑟提雅、地湧社的增田社長增添了很大的麻煩。但這個病的發作是有原因的，我想，是與我們的翻譯工作有關。

對我而言，疾病是個重要的修行。只不過，可能的話，我希望各位不需要像我一樣的痛苦，而是像瑟提雅這樣輕輕鬆鬆就好。

所謂「覺醒」究竟是怎麼回事呢？

書中有說明，這件事因人而異，根據各人定義而有不同的解讀。就我所認識的，我認爲是「打破框架」或是「不要設限」以及「鍾愛一切」。覺察到自己有諸如「理應如此」、「一定非做什麼什麼不可」、「這是對的那是錯的」、「這樣做最好」、「這麼做才有利」、「贏了較好」等等深植心中的判斷標準，將之修正，並以如下的感受取代——「這個世間什麼都有可能」、「無所謂好壞」、「覺醒也好不覺醒也無所謂」、「現在的自己最棒」、「世界依照目前這樣最好」。換句話說，接納一切、熱愛一切。如此一來，縱使處在地獄般水深火熱的境遇，也能發現天堂。因爲，這世上不僅有太陽、月亮、星星、空氣，甚至有青翠的森林、有花、鳥兒歌唱、蝴蝶飛舞、取之不盡的食物，眞是件無盡美好的事。

「哈！你是現狀肯定主義者嗎？」朋友有點失望地對我這麼說，雖然感到他似乎有些誤解，我還是說「或許就是那樣吧。」

我最近學到的事情，就是「即使被人在背後指指點點也無所謂」以及「招人誤解也沒關係」，還有「人無論生存或死亡都無所謂」。這樣的「覺醒」相當容易被誤解。

二十年後的今天，重讀這段話，可以說，我現在的想法和當時基本上沒什麼改變。

但是，從今以後，我的人生已經能夠快樂地活下去。因為我已過著不需為氣喘而受苦的每一天。

17 「謝謝」一詞的力量

感謝事件

「謝謝」這一句感謝的語詞，究竟有多重要？

在我的人生中，曾有過深刻的體會。

過去我是個無法開口說「謝謝」的人。身為大藏省的公職人員，我有些本位主義，甚至可以說是自視甚高。我很少懷著感恩的心，總認為一切都是憑自己的力量達成的，身邊總是充滿奉承、吹捧我的人。

因此，進入大藏省後，我任性地提出要到美國留學，並且也如願讓我在國際機關工作。

人生就這樣一路順風。

可是，自從聖日耳曼伯爵這個指導靈出現之後，就開始發生一連串不可思議的事件，我得了氣喘病，最後還不得不因此辭去大藏省的工作。而且，辭去了大藏省的工作後，病情不但沒有好轉，反而越來越嚴重，簡直就過著像地獄般的生活。

不過，我並沒有因此而消沈，因為我知道疾病帶來的省思。每天當我出現疑問時，我就會求教於指導靈，也會得到指導靈傳達的訊息。不論何時，只要我呼喚指導靈，他總是會出現在我身邊。

當然，為了治癒氣喘，指導靈提出的建議我也都照著做做看，包括吃糙米飯和素食。

等我稍微復元可以自由行動後，我聽說有一個稱為「意識教育研究所」的地方，有位羽場武嗣老師辦了研習會，於是我便去參加。

我已有過許多次參加研習會的經驗，尤其是經驗了美國華盛頓特區的研習會，改變了我的人生，所以我也滿心期待著「這次將發生什麼樣的變化呢？」。

羽場老師的研習會教了許多事情，其中令我記憶最深刻的是，他要所有參加人員手牽著手，大聲喊著**「爸爸，謝謝你！媽媽，謝謝你！」**一次又一次，要我們反覆的大聲喊著。

當時我雖然心想「**簡直像在騙小孩！**要是對象是幼稚園或小學生也就罷了——」但因為是研習會，所以我還是遵從指導員的指示去做。

研習會結束回到家後，妻子問我「研習會怎麼樣？」我回答她「無聊透頂，連一個新的觀念都沒學到。」

因為非常累，所以我躺在樓下六疊大的榻榻米房間，打開ＣＤ音響放宮下富實夫的音樂，昏昏沈沈地打著瞌睡。

就在我臨睡之際，不知不覺地，我竟然從口中自然而然冒出研習會時要我們說的話「爸爸，謝謝你！媽媽，謝謝你！」

二〇〇九年，和平船上的夕陽。

攝影：山川亞希子

我的眼前浮現年幼時父親和母親的影像，接著是孩提時兄弟姊妹的臉、朋友的臉、老師的臉等等，逐一出現。

我一個個的喊出他們的名字，然後喊著「謝謝你！謝謝！」這完全不是我刻意的，只是意念自動浮現，無法停下來。

在我的人生中，曾經碰過的每張臉孔，無可控制地依序一個接一個浮現，面對每一張臉孔，我對他們說「謝謝你！謝謝！」

接下來發生什麼事呢？

我的腦海中突然浮現美國地圖，我開始忘情地大喊「美國的各位，感謝你們！」

接著，其他國家也一一浮現。「中國的各位，謝謝你們！」「蘇聯的各位，謝謝！」我已經搞不清楚了是哪一國了。「亞洲的各位，謝謝！」「非洲的各位，謝謝！」「世界上所有的人，謝謝！」當我這麼叫的同時，自己的身體似乎膨脹起來，漸漸大到超越整個地球，擴散到宇宙，和宇宙合而為一。

真是不可思議的夢境，分不清哪裡是夢？哪裡是現實？——

直到今天，我眼前仍會浮現當時身體逐漸伸展擴大到屋外的影像。

沒想到我認為最無聊的研習會，竟然讓我在回到家後，還繼續著當中的活動。當時身在其他房間的妻子，突然聽到我大喊大叫「謝謝你！謝謝！」，大吃一驚，而跑來一探究竟。

妻子稱它為「感謝事件」。

我的病開始痊癒，是這次的「感謝事件」結束後不久。

對於「謝謝」這個詞語蘊含的力量，我想說「真的謝謝你！」

過去不曾抱持「感謝」心情的我，因為生病的關係受到淨化。多虧氣喘的緣故，我學習到許多事，也學會了對人溫柔以待。

有本書叫做《謝謝你！氣喘！》（清水巍著　合同出版）當中提到，對於疾病若是能心懷感謝，也就是疾病的任務結束的時刻。

我想由衷地傳達我的心情——

「氣喘，謝謝你！同時，閱讀本書的各位，謝謝你們！」

18 人生是靈魂修業的場所

病痛是神所賜予的禮物

常有人說「一切發生的事都有意義」。

另外，「萬事萬物皆有其因果」也是事實。

為什麼我非得承受如此痛苦的疾病折磨呢？

「那正是受到神眷顧鍾愛的緣故」我突發其想。

明明生了病，指導靈卻要我「不能夠就醫、不可以吃藥、多喝水就好」，真的是件很要命的事。我想那三年間，我真的很拼命。

我對妻子真的滿懷感謝之情。對照顧我的妻子而言，我想對她來說，這也是一個很辛苦的修行。

當痛苦到極致時，我奄奄一息的哀求妻子「已經到極限了！你快幫我想想辦法！」、「我不想再這麼痛苦下去了。你帶我去看醫生。」妻子卻總是勸阻我「再忍耐點！再加油一下！」萬一我真的就那麼死了，妻子或許會因為不讓重病的丈夫就醫，而被以虐待致死的罪名被逮捕。但妻子當時抱著「要是丈夫死了我就跟他共赴黃泉」的覺悟，真的很了不起。

和氣喘病的對抗簡直沒完沒了，我根本看不到它的終點。還好我的家人和妻子的家人都和我們住得很遠。

據說看了我病重的模樣，妻子的母親曾有過「或許活不了多久吧」的心理準備。我的弟弟看了我，也曾偷偷產生「大概得準備辦喪事了」的念頭。

然而，他們沒有真正看過我發病的模樣，所以並不知道發病時有多麼嚴重。我瘦到皮包骨，還是設法隱瞞下去。

造訪我們家的客人，由於沒看到我瘦骨嶙峋的樣子，所以也沒想到我的病有多嚴重。

但是，來訪的客人對於我的心情有很大的幫助。不可思議的，只有客人來訪時，我可以像平時一樣正常的呼吸。

我告訴來訪的人們有關他們的前世，他們帶著歡喜的心情回去後，我的情況就開始變糟了，連靜靜坐著時，氣都喘不過來，只能臥床休息。一旦氣喘發作，大概就要持續一天半左右，發病期間我什麼都無法思考，只能痛苦得在床上翻滾。等到熬過三十六小時左右，開始狂打噴嚏了，差不多就是發作結束的訊號。

結束前，我會先從肺部深處咳出一點痰來。把痰咳出來是很痛苦的一個過程，好像要把身體整個對折般，盡力一點一點咳出來。

每次，我大概都會咳出滿滿一個洗臉盆左右。痰是透明而有彈性的液體，如果把手指伸進去，甚至還可以把痰捏起來。我經常一吐出痰後，就抓在手上觀察，痰的顏色很透明，就像柔軟的橡皮。

雖然人們都認為痰很髒，但它卻是很透明、很美的，富有彈性的液體。

看著吐出來的痰，我不禁會想「肺和支氣管當中塞滿了這樣的東西，當然會無法呼吸。」

「能夠吐出如此大量的痰，**人的身體真的很不可思議。**」

痛苦的人不光是我，照顧病人的妻子也相同。即使她有事不得不外出，只要一辦完事，一定用最快的速度飛奔回家。

偶爾妻子也會想放棄地說「還是去看醫生吧」。這時，就會輪到我堅持著「不要緊，我還不用去醫生那裡。」

就這樣過了三年地獄般的生活，當中我也試過不用西藥的種種民間療法，但是不管哪一種，都看不出什麼改善的效果。

我曾這麼想——

疾病也是我人生的一部分。

我的工作就是生病。

最初我和妻子去見莉亞時，指導靈說「這條道路走起來很艱辛，你願意接受我們交付的任務嗎？要是想拒絕也沒關係喔！」

當時我們很開心，二話不說就答應了。事後才知道，現實環境中失去了工作、朋友，也失去了健康，才真正明瞭了「艱辛」原來是這個意思，我當時的想法實在太輕率了。

有一回**我突然看見一個幻象**。我潛到海洋深處，往很深很深的海底泅泳著。總算游到海底時，撞到了岩石，雖然感覺很痛苦，可是後來往水面方向自然浮起來就好了。

那時我突然有個直覺「啊！我的病現在是最底部的時候了，接下來只會好轉，不會再惡化了。」果然，之後我的病情雖然仍是時好時壞，但是就像慢慢撕去一層層薄膜般，病情逐漸好轉了。由於身體開始能夠自由活動，所以我又開始參加研習會。

我去了內觀研究所進行內觀。那是必須住宿的研習會，半夜由於我的呼吸實在太過急促，使得隔壁房的人因為害怕而中途回家了。內觀所的老師向我抱怨，認為我的身體還不到可以進行內觀的程度。

之後，我出席了羽場老師的研習會，結束時我雖然覺得那「簡直像是騙小孩的研習會」，但是後來卻發生了「感謝事件」。在我有生以來，第一次對照顧我的人說出感謝之情，高喊出「謝謝！謝謝你！」

這些都不是刻意的，而是像在夢境般不可思議的狀態下發生的。

四十歲應該是人生工作最有幹勁的時期，我卻在氣喘中度過了。生病就是工作這句話，對我而言真是再貼切不過。現在，不管在什麼狀況下，我都覺得那當中都有超過工作的價值存在。

對妻子而言，照顧病人則成了她的工作。包括病情最嚴重的三年，前前後後總計有七、八年的時間，都由她獨力照顧我。在這個過程中，來自指導靈鼓勵的話語、兩隻愛犬吉維和凱西、還有想得知前世而來訪的客人等，都豐富了我們的人生。因為莎莉麥克蓮的書接連出版，我們的翻譯工作只好完全由妻子進行。

就這樣在不斷持續痛苦的生活中，突然有一天我感到「現在可以去醫院接受治療了。」而妻子也和我有相同的感覺。

我們到附近評價非常高、專治氣喘的中山醫院就醫。

令我驚訝的是，醫生的桌上竟然有著朝日新聞的一大張剪報。上面有著「前大藏省官員翻譯好萊塢女星著作，成為翻譯家，現在罹患氣喘」的報導，同時也登了我的照片。

中山醫生告訴我們說：「我就在想，你也差不多該來我們這裡就醫了。」得到醫師妥善的治療，氣喘的痊癒極為快速。

之後我們也經由通靈，了解中山醫生的前世，得知他在十三世紀也是出生於亞西西，是我們的同伴之一。這麼告訴他後，他開玩笑地說「當時我一定被你欺負得很慘！」

醫生有時會問我「最近我要到國外旅行，請幫我問指導靈是否可以去嗎？」那時我會試著用大姆指看看有沒有辦法傳達出指導靈的訊息。指導靈傳遞訊息時，我不一定要使用紙筆，也可以單手輕輕握拳，用大姆指和食指書寫，一樣可以接收來自指導靈的訊息。手指動作得遠比我的思路快得多，我讀取其中訊息，然後轉告醫生結果「醫生，指導靈說沒問題。」

如今回想起來，我透過疾病，得到心靈和身體的淨化。發作時我什麼也沒想，只陷入單純的冥想狀態。

我原本就是本位主義和自尊心極高的人，明明什麼也不懂，卻自命不凡地認為「我是大藏省的官員，可不是普通人。」

疾病是神為了使我的心靈淨化而賜給我的禮物。要是我立刻就醫，一定什麼也學不到，所以才刻意要我多受些磨難吧。這正是充滿慈愛的神給予的祝福。

我一直都認為**「世界上根本沒有神，神不過是弱者的妄想。」**但是由於指導靈們日夜傳達訊息給我，終於改變了我的想法。後來，我的信仰變得很堅定。

最初我自己接收到的兩個訊息是「不需要煩惱，一切都交付給我們。」

以及「請你務必堅信到底。」

因為生病，我逐漸地超脫了陳腐的想法與這具俗世的軀殼，然後得以脫胎換骨。現在雖然有時也會感到憂慮，但我依然信任著宇宙、信任著人們，對於降臨的一切都心懷感激、全盤接受。

我從一個毫無信仰的人，轉變成一個信心堅定的人。

如今，我徹底明白「即使因病痛而受苦，其中也有深刻美好的涵意」。**人生是靈魂修練的場所**，「吃得苦中苦，方為人上人」對照生命旅程，我也深深體會到這句任何人都適用的諺語的含意。

人生中真正的壞事，一件也不會發生。只是我們的腦袋判斷它是「壞事」而已。這個道理，我也親身體會到了。

前不久，一個朋友打電話告訴我「我罹患了癌症。」我立即出口說：「那真是恭喜你了！」

說出口後，我驚覺自己說了不得體的話，擔心有點太超過了，因而有些不知所措。

不過，之後朋友向我道謝「多謝你告訴我這麼好的話，我終於清醒了。」反而讓我嚇了一跳。

若是能心懷感激接受「不管任何事，都是來自神充滿愛的禮物」，我想一定能夠過著積極、美好的人生。

我現在總是這麼想：神是以深遠的愛包容著我們。能夠這麼想，對我而言，才正是所謂的「The Secret——秘密」。

19 你的幸福就是地球的救贖

依隨心的指示

你想不想活得自由自在？

你希不希望能夠建立一個沒有戰爭、人類彼此相互合作的世界？

確實，有人會認為不可能有這種事。他們認為競爭是人類的本能，直到如今，人類始終不曾停止過戰爭，今後應該也一樣會繼續下去——

然而，接下來時代將有所不同。因為我們將進入瀰漫愛與光的「水瓶座（Aquarius）」時代。

那將是愛與和平的時代。

那是每一個人都明瞭「我是為何而生、為何誕生於地球上」的時代。

如果覺醒的人夠多，人類就能得到救贖。所以請你放心，因為人類已開始走向救贖的道路。

現在每天都持續有人覺醒，達到次元提昇的人，正急速地增加中。

你所能做的事就是往你內心深處探索，只要改變自我的想法，成為充滿愛的人就夠了。

「所有的人都只要維持現況就可以了」

首先，請你從認同每個人的生存方式開始。每個人都是不同的，這樣就很好了。每個人都在做自己非做不可的事情。

沒有必要改變他人，要改變的只有自我。

沒有必要擔心他人，因為只要時機來臨，他們就會改變。

就從包容現存的一切開始吧。

就從聆聽自己靈魂細微的低語開始吧。

「你要變得幸福」只有這件事是重要的。

讓我們敞開心門，發現真相吧。

讓我們回想起，自己是為了將愛與和平散播到地球上，而來到地球的。

你就是為了拯救這個世界而誕生的。

這是每個人都將成為救世主的時代。沒有任何一個人是特別偉大的。每個人都在扮演自己的重要角色。

不久的將來，大多數的人都會覺醒。人們會意識到軍隊和核子武器都是不需要的，而且很可能現在已經付諸行動。不久，基於愛的行動便會展開。因為**這都是冥冥之中安排好的，請放心。**

接下來輪到你上場，你將會覺醒，成為幸福的一份子。

你將會很幸福，你會成為自己渴望的化身，那就是拯救地球之道。

遵循心靈的指示活下去吧。

請你喚醒真正的自我。自己就是愛，明白自己接受來自全宇宙的愛。

每日只需五分鐘的冥想，何不試試看？

請你面對內心的意識，你將會改變，整個世界將會得到救贖。

開始冥想

請先下決心告訴自己「我要冥想」之後再開始。可能的話，把進行冥想的日子在月曆上做記號，更能產生鼓勵效果。一開始先進行五分鐘的冥想，若覺得時間過短，可以延長到十分鐘。

如果怎樣都無法進行冥想，那就表示時機還未成熟。

不需要勉強而為。

當你能夠下定決心「開始冥想」，那就是冥想的時機已來臨。

一開始先找個安靜的地方，跪坐、坐在椅子上或是盤腿坐下來都可以。一般是盤腿而坐，在臀部下放個靠墊或坐墊。盤腿坐有助於伸展你的背脊。

先做三次深呼吸，安定你的情緒。然後閉上眼睛，靜止不動，只要像平常一樣呼吸就行。

什麼都不要想，若能達到無的境界最好，但未必每個人都能做得到。在你思緒不斷湧現出來的時候，不要去追那個思緒，只需靜觀那些出現的思緒就好。靜觀思緒的那個人，才是真正的你。

如果思緒混亂的狀況毫無止息的跡象，可以反覆默數自己的呼吸，從一、二、三……默數到十，把意識集中於呼吸。

想像自己胸口有一道圓形的白光，想像這道亮光從腳尖到手指逐漸充滿全身，這是很容易做到的冥想。想像這道光照亮全身，它的光照範圍漸漸擴大，漸漸擴及到整個地球，逐漸照向整個宇宙。你可以在那裡俯瞰整個地球。因為真正的你是能量體、是光亮、是超越身體物質的存在。

冥想有許多不同的方式。不需要想得太難，下定決心開始行動是最重要的。

能夠持續練習冥想的話，不知不覺中你的心會變得平靜，你將會意識到：和沒做冥想之前相較之下，你變得更幸福了。請你，開始進行冥想吧。

20 幸福的人變多，社會就改變

新時代的開始

不論是誰都能夠幸福。

擁有幸福，是我們每個人的權利。

不過，並非是這個社會使你得到幸福。

得到幸福必須憑藉自己的力量。

我們必須建構一個適合居住、朝氣蓬勃的正向社會。每年有三萬人自殺的社會並不健全，不能稱為有愛的社會。

我們若是覺醒，社會就會改變。而且那是我們可以做到的，只要能夠這麼想，就能夠實現。

首先就從自己開始。

從了解真我開始。探究自我真正的本質、自己來到這個地球的目的。請努力地「探索真我」。

現在坊間出版很多關於心靈探索的好書，不妨參考閱讀，其中必定能夠找到你喜歡的書籍。

例如**《與神對話》**（Conversations with God）

這本書的作者是尼爾・唐納・沃許（Neale Donald Walsh）。他之所以會寫這本書，是因為當時他面臨家庭支離破碎、失去了工作，不論事業家庭都陷於極大的困境。有一天他提筆寫信給神，向神訴苦「我到底做過什麼事，活該要有如此掙扎的一生？我究竟該怎麼辦才好？」令人驚奇的是他的筆竟然開始在紙上自動地書寫起來。神反問他「你想知道真正的答案嗎？」於是就這樣他記錄這些對話而寫成本書。

如果想參考我們所翻譯的書，建議你先閱讀《**前世今生**》、《**聖境預言書**》（*The Celestine Prophecy*）（詹姆士・雷德非 James Redfield 著）、《**牧羊少年奇幻之旅**》（*The Alchemist*）（保羅・科爾賀 Paulo Coelho 著）等。而閱讀《**為心靈點燈**》（*A Guide for the Advanced Soul*）（蘇珊・海華 Susan Hayward 著）或許能從中找到啟發你的言詞。我想《**秘密**》和《**心靈之舞**》也都是極為容易閱讀的書。

其他也有很多相當好的書籍或詩集。我個人喜歡的作者是**艾克哈特・托勒**（Eckhart Tolle）、**狄帕克・喬普拉**（Deepak Chopra）等。

不僅閱讀，建議你也可以嘗試學習**冥想**、**瑜伽**、**氣功**、**吐納**、**內觀**、**坐禪**等。這類團體或教室都有熟悉靈性指導領域知識的人，應當很輕易能夠獲知品質較好的研討會等情報。尋找適合自己的研討會，試著長期持續參與。

另外也可以多多善用網路上免費大量的資訊。僅由特定的人掌握資訊，那樣的時代已經結束，今後是資訊共享的「水瓶座時代」，因此也不妨透過網路找尋志同道合的夥伴。

尋求靈性指導的知識，就是去了解有關「神的事情」；若是能夠覺察真正的自我，就能通往幸福的道路。首先，若是自己能夠幸福，就能幫助眾多人們覺醒。

為了鍾愛自己、為了謀求身心健全，學習一、兩種健康的活動，例如**瑜伽**、**靈氣（Reiki）**、**按摩**、**呼吸法**、**太極拳**、**氣功**等療法，甚至以成為指導者或老師為目標也不錯。如果決定要指導別人，自己就必須每天研究，抱持這樣的態度，不久你也能成為帶領者。

另外，也要掌握**幸福的真諦**。

幸福並不是來自於工作、結婚，或其他任何外在條件的齊備。而是開始於些許的覺察和感謝。只要能夠覺察到自己總是被守護著、得到心靈的平靜，就能夠擁有幸福。

喜悅完全存在於你的周遭。體操、散步、孩子的笑臉、與孩子打招呼、微笑、路上看到的小狗、黃鶯悠揚的啼聲、天空的雲、日出之美、植物成長、美味的食物、朋友間的對話、與好書的相會、令人感動的電影、音樂、舞蹈等。

幸福的人增加了，社會就會改變，新時代即將開始，你將會與嶄新的人們相遇。那不是競爭的社會，而是真正的自我所在的相互合作的社會、無差別的社會。**人們各自做自己真正想做的工作，能夠對社會有貢獻的工作。**

一切將從你自身開始。開始溫暖你的家庭，開始讓你所居住的街道充滿笑聲。

很幸運的，我居住在一個很棒的城市。每天早上可以和同伴一起聽收音機做早操、慢跑，也有禪修研習、電影欣賞會，附近還有小小的農田。

我相信，今後的社區將會變得越來越容易居住。老年人口的增加，就代表有時間的人增加，帶來許多好的一面。我非常喜歡自己居住的城市，周遭充滿了許多和善的人們。

現代社會仍存在著各種問題，或許還不能說是非常幸福的時代。但是我們不需憂慮，問題是一種學習，危機也是一種轉機。現在受到痛苦疾病折磨的人，終有一天會明瞭，那也是為了覺醒的緣故。

鋼琴家富士子・漢明曾說過「生命中有許多事情，當時認為是一種災難，事後仔細回想，卻是為了帶來更大幸福所必經的歷程。」（譯註：Fujiko Hemming一九三二年生。父親為俄裔瑞典畫家・建築家，母親為日本鋼琴家。他一度曾因罹患耳疾嚴重喪失聽力，幾乎無法從事演奏及教學，卻在一九九九年奇蹟似的再度於古典樂壇大放異彩。）

我認為一切事情的發生都是為了導致更美好的事情，因此，就讓我們從接受萬事萬物原本的樣貌開始吧。即使車子陷入泥沼動彈不得時，也不要一味著急抗拒，先讓自己冷靜下來接受現狀，然後再來設法找出掙脫的方法。就讓我們以這種態度來面對人生吧。

我**不管遇到什麼問題，首先一定以「Ｙｅｓ」的態度接納**，然後再冷靜下來思考因應對策。

人生不是「Ｎｏ」而是「Ｙｅｓ」。歐巴馬總統不也說「Yes，we can」嗎？

21 任何體驗都樂在其中

理解真我的喜悅

原諒自己這件事似乎很簡單，實際上卻不是件輕易能做到的事。我們翻譯的瑟提雅・葛拉斯《懶人的覺醒方法》一書中寫著：

「原諒那個無法原諒自己的你！」

「去愛那個無法珍愛自己的你！」

「首先，就從這裡開始吧！」

你是否也常怪罪自己呢？怪罪無法滿足父母期望的自己、動不動就懈怠下來的自己、批判這樣的自己、給予自己過低的評價？

你是否經常貶抑自己「像我這種人……」？或是「我辦不到，我真差勁」？

你是否「總是忍不住和別人比較，覺得自己比別人差」？

「和兄弟姊妹們相較之下，自己顯得格外差勁」？

「立刻就批判自己」？

你是否過度的深謀遠慮？總是躲在別人的光環背後？無法充分發揮自己的力量？畏首畏尾？消極？

首先要做的是自我覺察。覺察老是責備自己的習慣，或是無法原諒自己的習慣。

讓我們覺察自己所抱持的劣等感或自卑感。

只要能夠覺察自己這種心態，就能夠努力慢慢地改善。有時由於自覺不如人，反而能比他人更加倍努力。

「不怪罪自己」是極為重要的。

每個人都是神的一部分。所以每個人都是平等的。每個人都擁有各自獨特美好的地方。

只要了解這一點，就不會抱著不必要的自卑感。若是能擁有自信，人生就大不相同。

每個人都是相同的，認為國王比較偉大、武士比較厲害、總理高人一等、學歷高的人比較優秀、有名人就了不起等等，這些都是過去不明究理、被陳腐的觀念侷限了思考。

人們都是為了來到這個地球快樂地生活。每個人都只是在扮演各自的角色。什麼人偉大、什麼人不偉大，都只是**人類的我執所製造出的幻象**。有時候人們會誤以為自己比他人優秀，於是變得傲慢無禮又自以為是，但是以後這些都將一一回報到自己身上。

同樣道理，認為「我和別人相比還差得遠」的人，也只不過是一種錯覺。

請你經常告訴自己**「我很棒，原原本本的我就很好了。」**

究竟自己是從什麼時候開始認為自己很差勁的呢？

不妨回溯童年時光，探究其中原因，也許你會回想起來。童年時代的經驗，往往也會變為成年後深刻的影響。有時還甚至要追溯到前世。

即使對現在的自己缺乏自信，也不需要責備這樣的自己。

若是覺察到對自己有所批判，就原諒批判自己的你。

如果發現自己怪罪於父母、遷怒於社會環境或任何事都歸咎於他人，能夠覺察這一點已經很了不起，只要停止責怪別人就可以了。我很喜歡夏威夷零極限**「荷歐波諾波諾」的基本精神，就是重視「對不起」「原諒我」「我愛你」「謝謝你」這四句話**，如果能將這四句話常掛在嘴上，將能產生很大的效果。

首先請你原諒自己、向自己道歉、感謝自己、愛你自己。

其次，請你回想討厭的人，試著向他說「我愛你」。即使不是面對當事人說出口，在自己心底說出來也可以。如果無論如何都說不出口，請原諒無法說出口的你。

另外，也請原諒「討厭他人、歧視他人的自己」。只要在一個人獨處時，對自己說「請原諒我」就可以了。

非常的簡單，但**效果卻令人驚奇**。

我們生存的這個世界，有一個無論什麼都要二分法的習慣，譬如善惡、上下、優劣等。

然而，在我們誕生前，所有的人都是無影無形的能量體而已，死去以後回到原來的地方，再度還原為能量體。那時我們會明瞭自己是神的一部分，我們將會想起，自己**「不過是在地球上演過一場戲」**。

既然如此，我們何不趁早覺醒，明瞭「每個人都是平等的，世上的一切都只是在演戲」，能這樣覺悟，生存必定會變得比較容易，你將了解人生中沒有所謂的成功或失敗。

你所體驗的「內容」不是重點。不管失業、失戀，成為有名的企業家，或只是平凡的家庭主婦、上班族，什麼都沒關係。因為「體驗」本身就是重點。

每個人都在每分每秒中體驗到某種事情，換句話說，每個人都可以說是成功的。

因此，認為自己比別人偉大，其實是因為不明瞭這一切的真相。就算是自己的知識比別人豐富，也不過是五十步笑百步。就算在這一世出人頭地、地位高人一等、受人景仰，也不過是這一世的體驗，總有一天我們都會從這一世宣告畢業，繼續擔任下一場戲的新角色。

重要的是，要在有生之年充分體會所有的經驗這件事。

相同的，認為「自己是差勁的人」也是不明瞭這一切的真相所致。人都是生而平等的，這才是唯一的真理。每一個人都有其存在的價值。只要明瞭這一點，人生就能夠確實改變。

明瞭自己的美好，明瞭自己的價值。**存在本身，已是無價之寶。**

世界上還有一件有趣的事，就是**被自己的腦袋欺騙的人很多。**

大腦只是我們的「工具」。但是現在的社會，大腦顯然過於出風頭，表現出一副「我才是主角」的模樣。

不要把大腦和自己一體化了。再怎麼說，大腦不過是身上的一個器官，只是一個工具。真正的自我，是比大腦更重要的存在。

我不等於我的大腦。

你也不等於你的大腦。

因此，更不用說我不等於我的思考。

我也不等於我的感情。

我，是超越思考及感情的。

了解這項事實，就能站在客觀的角度觀察自己的思考和感情。你確實是充斥於宇宙中的神的能量體的一部分。

不論我們是誰，都是巨大存在的一部分。

我們只是暫時棲息在某個身體當中，愉快地扮演某個角色。這是自己早就選擇的角色，我們正在享受尋找幸福的故事。

既然是舞台上的某個角色，就無所謂好壞。

而且，因為一切都是自己的選擇，所以，就讓我們開心地扮演自己的角色。

這一次的人生要經歷什麼樣的過程、學習什麼樣的經驗，都是在誕生之前就先和神商量後才決定的。是的，父母也是我們所選擇的，之所以選擇在日本出生，或許是因為在日本出生很愉快。且讓我們回想起出生在日本的意義，是為了散佈地球的愛、和平、夢想與光而來的。

自殺是虛擲人生的一件事。你只要維持現在的樣子就很棒了。每個人都是最出色的，請你成為覺察到這一點的人，先讓自己幸福，然後請再傳達給還不知道這個真相的人。

但是，請注意，**人什麼時候會覺醒，也是自己早就決定好的**，所以沒有必要強迫他人。如果時機過早，或許有人會有「真是無聊透頂！」的反應，不妨等待有人主動提問再告訴他，會提出問題就表示時機到了。

各位只要順其自然就好，就照目前這個樣子過下去。現狀是完美的。人間就是天堂，這裡就有天國。

22 順著生命之流前進的基本規則

人生是探索幸福之旅

生命旅程中會發生許多事情。

由於我們原本就是為了在這一世經歷各種體驗，才以肉體的形態投胎來到地球。

不論發什麼事情，我們都要以積極正向的心態接受、心懷感謝，盡情體會，直到滿意為止，以這樣的心態來接受每一件發生的事。

話雖這麼說，但有時會出現「現在痛苦得難以忍受」的時刻吧？不過，無論過程如何痛苦，最後的結局一定會變成好事。

現在我們所直接面對的問題，或是困難的阻礙，都是神給予我們的試煉，目的是為了使我們達到更高一層的靈性成長。所謂的神，不存在於自己以外的地方，而是心裡真正的自我。你也可以把它想成是宇宙本身。

想擁有幸福，有許多基本原則可以讓你順著宇宙的洪流而生存下去，不過，若是能先認清下列幾件事情，就可以順利地沿著宇宙的洪流前進。只要先達成一件，接下來就是順水推舟。

1 **首先，從接納百分之百的自我開始。**

每個人都是完美的存在，因為宇宙本身就是完美的。

2 **對自己溫柔。**

若是連你都無法對自己溫柔，那麼還有誰會對你溫柔？重視自己的人，也會受到他人重視。

3 **理解真我**

幸福要從自己身上探索。一切都存在自己的心中。

4 **原諒自己。珍愛自己。讓自己自由。**

原諒自己才能原諒別人。能夠愛自己，才有辦法愛別人。自己活得自由，就不會綑綁他人的自由。

5 **不焦慮。**

6 **信仰堅定。**

這與加入宗教不同，也和宗教毫無關係。事實上，我們正往不需要宗教的世界發展。

7 **信任。**

宇宙會照顧我們的一切。耶穌說：「不要為明天憂慮。」

8 **相信直覺。**

直覺是神傳達給你的訊號。

9 **感謝。**

感謝的重要性，早已被人們整天掛在嘴上。

10 **想法必能實現。**

有人說「我才不稀罕什麼幸福不幸福呢！」每個人心中對幸福的定義不同。即使嘴裡說著「我不要平凡的幸福」的人，應該也希望自己能處於滿足、喜悅、感謝的狀況下。

你不想擁有滿足、喜悅和感謝嗎？

如果說不想要，或許是因為心靈的扭曲。

人生是一場探尋幸福之旅，有人為了這個目的甚至跑到海外去找尋。然而四處外求的結果，你終究會發現，幸福原來存在自己心中。請你務必閱讀保羅・科爾賀的**《牧羊少年奇幻之旅》**，這本書就敘述著這樣的故事。

一切的開始，皆源自於百分之百的接納自己的現狀。明白自己就是神，就會知道自己是多麼神聖的存在。

鍾愛自己、原諒自己、對自己溫柔，就能夠去愛別人、原諒別人、變得輕鬆，生命之輪就能運轉得更順暢。

這就是所謂的**「人生進入圓滿」**。

第一次聽到「圓滿」這個詞的時候，我曾經認為，一切事物要達到所謂的圓滿狀況是不可能的。然而只要你能夠覺醒，看待任何事物自然都能明心見性，再困難的障礙也能逐漸化解，甚至以後不會再發生。那是因為已經失去了發生的必要性。

請你停止「不允許只有自己幸福」的想法。

首先你要能夠幸福，然後才能將幸福散播給周圍的人，這是必然的順序。把自己擺在優先位置。**能夠珍惜自己，就不會忽視別人。**

我的個性是動輒就杞人憂天。剛開始指導靈告訴我的是「不要擔心！」其次指導靈給我的建議則是「要信仰堅定」。第三個建議則是「要相信」。

現在的我信仰非常堅定，甚至對於以前完全否定神的存在感到不可思議。正是因為有神的能量才有生命，而我們就是仰賴這樣的能量而生存的。

人生一旦開始順勢而行，就能看見許多以往未察覺的訊號（預兆）。

我是看見彩虹。

看見彩雲。

看見美麗的蝴蝶。

與自己喜歡的數字邂逅……等等。

因為接收了不同的訊號（預兆），使我的人生變得更有深度，也增添了許多快樂。不要拘泥，盡情享受吧。

不管你的夢想是什麼，必定會實現。

你的想法都會實現。這就是「秘密」。

當你發覺自己能開始心懷感謝時，你的生命之河便開始順勢航行。

只要你存在這裡，便能夠把愛與和平散播到地球上。

「你要活得幸福。要活得自由自在。」

這就是神賜給我的祝福。

不管你現在處於什麼的情況都沒關係，請感謝當下，愉快地活下去。

23 道路自然為我們展開

國外旅行的發現

一開始指導我們的指導靈是聖日耳曼伯爵，然後是聖方濟，接著是耶穌。我的病漸漸痊癒後，我開始走訪義大利和以色列等與指導靈有關的國家。我想，自己前世應該曾經住過義大利的亞西西和以色列，因為我第一次到那邊就感到十分懷念，有種回到故鄉的親切感。

一九九〇年到法國，從巴黎到沙特爾，然後從聖讓・皮耶德波爾（Saint-Jean-Pied-de-Port）越過國境進入西班牙，穿越庇里牛斯山。這是一趟聖地亞哥・德孔波斯特拉（Santiago de Compostela）朝聖的旅程（聖雅各伯之路）

我所前往的地點，發生了許多奇妙的現象。指導靈也一一告訴我，前世在某個城鎮做了些什麼。

抵達西班牙的布哥斯（Burgos）時，我的身體變得十分沈重，行動變得很辛苦。依照指導靈所說，我過去曾是布哥斯基督教會中地位極高的僧侶，不過卻是很惡劣的「僧正（管理僧尼的最高官職）」。當時不太與其他寺院來往，整天只關在自己的房間。

雖然不知道是否真有其事，但我感到非常有趣，心想，說不定那真的曾經發生過。

當時聖地牙哥（西班牙朝聖之旅）在日本知道的人不多，沒有可參考的資料。當時沒想到後來我們竟然會翻譯保羅・科爾賀的《朝聖》及莎莉麥克蓮的《聖地牙哥性靈之旅》（*The Camino: A Journey of the Spirit*）。這兩本書都記載了作者在西班牙聖地牙哥朝聖之旅的親身體驗。

同年十月，西班牙朝聖之旅後，我們去了中國。據說我在中國人的那一世中發起了叛變，所以我去了北京近郊，一處我被處決的地方。到了那個地方，在我坐下來的時候，原本晴朗的天氣突然遽變，太陽被雲朵遮蔽，風也急速地颳了起來。

當地的中國導遊告訴我，我所坐下來的地方是「古刑場」。

我體會到，人生是連結了好幾個時代，其中著蘊藏深遠、不可思議的感覺。我相信幾百年前的前世，一定曾在這個地方發生過什麼。

一九九二年我到土耳其、美國、埃及，然後再到以色列。

我曾經停留在冬天的莫斯科。在那兒獨自悄然回顧，在俄羅斯的那一世是活在這麼寒冷的國度。一起旅行的人各不相同，我並不清楚其他人是怎麼想的。

國外旅行機會接二連三到來，我接著又去了敘利亞，約旦，摩洛哥。到摩洛哥時，我們剛開始翻譯《牧羊少年奇幻之旅》，那裡也就是該書的背景舞台。後來到紐西蘭，也有幸有個機會讓我得知關於某個前世因緣的故事。

我們在譯《聖境預言書》時，去了該書的背景舞台秘魯。就像這樣，之後我想去的國家都順利完成了。由於翻譯不是固定的職業，工作隨時都可以進行，因此可以自由運用的時間十分充裕，漸漸地，我的身體恢復了健康。

雖然沒想過要當翻譯家，這條道路卻自然而然地在我面前展開了。於是，我也就順水推舟，決定成為翻譯家。回想起來，我記起自己曾在高中時期，受到老師的誇獎，說我古漢語譯得很好。

一九九四年我們譯了《飛向自由和遙遠之境》（*Flight into Freedom and Beyond*）（艾琳・卡迪 **Eileen Caddy** 著），這是蘇格蘭「芬德霍恩社區」（Findhorn）的創辦人之一艾琳・卡迪的傳記。當時我拜訪了芬德霍恩社區的生態村，將日文譯書送給艾琳卡迪，並在那裡參加了為期一星期的體驗和靈性指導研習會。

我和艾琳・卡迪有很深入的交談，我們參加了清晨的冥想，和她共同進行。我是在閱讀了她所寫的《開啟心門》（*Opening Doors Within*）以後，才開始進行冥想。

在我們翻譯芬德霍恩社區的相關書籍期間——日本出版了保羅・霍肯（Paul Hawken）描寫社區創立時種種不可思議事件的《芬德霍恩的魔法》（*The Magic of Findhorn*）、艾琳・卡迪的《開啟心門》、桃樂絲・麥克蓮（*Dorothy Maclean*）傳記《聽見天使在唱歌》（*To Hear the Angels Sing*），因而使得芬德霍恩逐漸廣為人知，去尋訪的日本人大幅增加。

《牧羊少年奇幻之旅》的巴西作者保羅・科爾賀，是我很好的朋友，除了這本書，我還譯了他的《朝聖》、《我坐在琵卓河畔，哭泣》（*By the River Piedra I Sat Down and Wept*）、《第五座山》（*The Fifth Mountain*）等作品。在保羅的作品中，我最喜歡《牧羊少年奇幻之旅》和《朝聖》。我的母親讀了《朝聖》後，告訴我「這真是一本好書！」，成為令我極為欣喜的回憶。

我和保羅大約見過三次面，有一回他告訴我「我在加州的博雷戈斯普林斯（Borrego Springs）沙漠的峽谷遇見天使。」

「我也想遇見天使！」聽我這麼一說，保羅告訴我一個「解謎」的方法：

「你去美國找我一位叫做阿帕雷西達（Aparecida）的朋友。」Aparecida這個字在拉丁文的意思是「出現（Appear）」，指的是巴西人所信仰的黑面聖母瑪利亞。十八世紀時，有個漁村的人們在河中撈到黑面聖母瑪利亞神像，就把神像供奉在教會裡崇拜，也發生了許多神蹟。至今，全國各地來崇拜的人們仍然絡繹不絕，成為巴西的守護神。

單憑「你去找一位叫做阿帕雷西達的朋友」這個線索，我開始了尋找天使現身地的冒險旅程。

這是一趟非常不可思議的旅程。不論我在博雷戈斯普林斯沙漠的峽谷怎麼找，就是找不著天使降臨的地方。終於，我實在無可奈何，就擅自決定是其中某處綻放著耀眼小白花的地方，因為看來如同天使降臨般，「就決定是這裡吧！」

然而，就在我放棄尋找，決定隔天回國時，兩個令人驚奇的偶然發生了！我不但找到了阿帕雷西達的朋友，同時也找到了「天使出現地」，那個地方有保羅用水泥固定做成的標示。

阿帕雷西達的朋友中，有對夫妻叫葛莉絲（Grace）和吉姆（Jim），我和他們現在仍是好友。吉姆是天文學家，我曾和他一起到委內瑞拉、地中海去看日全蝕。今年（二〇〇九年）我也和他一起到上海的南邊去看了日全蝕，算是我們第三次的會面。這都是因為保羅而締結的不可思議的友誼。

這二十年中，我和指導靈始終保持往來。要說不可思議的確是不可思議，但現在對我而言是極為理所當然的事。

剛開始我什麼事都問指導靈，現在則是憑自己的直覺決定。我是我，指導靈是指導靈。我只要知道指導靈隨時都在幫我就可以了。

我和指導靈在看法上很少有分歧，我也感到自己和指導靈是一體的。

翻譯出書後，日本全國從北方的北海道到南方的沖繩，要我舉辦研習會和演講的委託信函如雪片般飛來。只要在做得到的範圍內，我都盡可能答應。

舉辦研習會時，**課程方面只要請求指導靈的指示，就能產生詳細的時間表**，接下來只需依照時間表進行，我不需要特別準備，想講什麼自由地抒發就可以了。指導靈說，我們所談的內容不重要，**藉由我們的身體所流動的指導靈能量，才是最重要的。**

這二十年當中，我們去了許多地方進行演講和研習會。我會盡量避免太緊湊的行程，無論如何會留給自己一些自由時間。

因此，我們才有時間搭乘和平船環遊世界一周。或是去加州的依沙蘭待上一個月。有時候，工作兩個月就能優閒地放個假，過著自由自在的生活。我從二〇〇〇年開始，每年都會去依沙蘭，只要去到那個地方，每次都至少會待一個月。在那裡我陸續參加了完形治療（Gestalt Therapy）、自由舞、芳香按摩等最先進的研習會。

以前還在世界銀行時，我的印度旅行享有ＶＩＰ待遇，之後，我失去了ＶＩＰ身分，因此也跟著失去了去印度旅行的的意願。不過，二〇〇三年，我搭和平船旅行，中途停靠印度時，和上來搭乘和平船的一位印度瑜伽老師學了呼吸法，因而和印度結緣。

後來，我們拜訪了「生活藝術國際中心」（The Art of Living International Centre）的印度教聚會所、奧修國際中心（OSHO）、賽巴巴（Balasaibaba）等，體驗到各種有趣的經歷。

為了進行海外旅行，首要條件是健康。

我現在每天早上會做收音機體操、慢跑，我和瑜伽的朋友們固定每月有一次例行活動，每月舉辦一次「懶人讀書會」、每星期一次精神舞蹈（Spirt Dance）。

另外，我們也租了十二坪左右的土地，享受自己耕種的樂趣。

每天都能健康過日子是最重要的，我希望能不要太過忙碌、重視每一天的生活。如同母親所說的，「平平凡凡的活著最要緊！」對我而言，是極為寶貴的一句話。

尾聲　一切都是為了成就好事

人生中所發生的任何事，都是為了成就好事。

請你保持這個信念活下去。

或許有人會笑我說「無可救藥的樂天主義」，但我自從思考轉變後，活得非常輕鬆自在，因為壞事真的一件也沒有發生過。

無需煩惱。

信仰堅定。

全心信賴。

不懼死亡。

這是指導靈幫助我學到的四個信念。

我以前屬於極度的愛操心性格，神才會因此告誡我「不要擔心，煩惱是多餘的！」

未來的事全交付給神，全心信賴神吧。我們夫妻把它稱為「悠閒地付託」。

「悠閒地付託」這句話也是指導靈告訴我們的。

如果你也能記住這句話我會感到很開心。

如果明瞭真我是什麼，就能明瞭死亡並不存在。

我們誕生在這個世界已是最大的奇蹟。為了讓這個奇蹟發揮更大效果，我們要盡可能同心協力，使這個世界成為更適宜居住的地方，這就是我們最大的使命。

讓我們一起努力將這個世界變成天堂。

這是很簡單的一件事。捨棄武器、廢除軍隊、停止殺戮、相互幫助。把愛與和平傳播到這塊土地上的每個角落。把軍事經費運用在和平的用途，就是這麼簡單的一件事。這個道理連小孩子也懂，為什麼成人反而不明白呢？

最近在電視節目中，每每看到正在認真開發殺人利器的研究人員，我就感到無限悲哀，「他們根本不明白自己在做什麼！」

或許很多人會嗤之以鼻，認為我說的「根本是無稽之談」。但是，能夠明白我的人也很多，而且人數還持續在增加中。

因為新時代已經來臨了。

我想，此時此刻也有人正開始呼喚真相。

當指導靈一開始出現在我們生命中時，人們都譏諷我們，認為那是不可能的。

因此，我把聖日耳曼伯爵出現時所說的話，寫在最早翻譯的《心靈之舞》一書中。

指導靈告訴我「你要出書。」

手邊有《心靈之舞》日本版的讀者，請你打開第四頁，這是原作中沒有寫進的一句話，是我特意放進去的。

你儘管笑吧，你可以嘲弄說根本沒有神的存在。
你可以把我當傻瓜，說根本沒有「魔法之書」。
現在你應當明瞭，和我一樣明瞭：這個世間的秘密。

——聖日耳曼伯爵

魔法之書指的就是讓人們覺醒的這本《心靈之舞》。
生存這件事，是充滿著喜悅、悲傷、嫌惡、痛苦、絕望等各種不同的體驗，不管是什麼體驗，都彌足珍貴。**生命中所發現的每件事、每個當下，都能一一珍重，以身、心、靈細細玩味，才正是人生的真髓。**
如果能夠存有「一切都是為了成就好事」的想法，我們的人生就會逐漸往好的方向航行。
「人生是依循你的思考而運作。」這種說法一點都不奇怪，因為這就是

「吸引力法則」。

請各位也務必同心攜手合作。

「一切的發生都是為了成就好事」是千真萬確的。

這是事實的真相。

辛苦挫折時，想著「一切都是為了成就好事」就會感到胸口的負荷減輕了許多。因為那正是成功的秘密。

同樣意義的說法還有「一切都往好的方向進行」、「一切都很好」等等，總而言之，選擇適合自己的一句話，作為鼓勵自己的座右銘。

回顧自己的人生，我也曾有因重病而痛苦不堪的時期。當時的我看不到自己的未來，只是每天臥病在床，忍耐著氣喘的發作。

如今看來，生命中所發生的一切事物，全都是為了成就現在的自己所必要的。雖然當時真的苦不堪言，卻是不得不跨越的荊棘道路。藉由病痛，我學會了感謝「珍視自己」。

任何事都有它註定的時機。我因為生病而無法動彈，那也是我人生的一部分。

沒有任何事是白費的。我們從每一瞬間、每一當下，都能汲取可貴的經驗。

「生命中所發生的一切事物，都是為了獲知『真正的自我』該學習什麼所吸引而來的」，若是能夠抱持這種想法，就能積極地接納生命中一切事物的發生。

「一切都是為了成就好事」。

能夠掌握這句話的真義，人生就能活得輕鬆自在。

不管生命中捲起了什麼樣的波瀾，都能像沖浪者般乘風破浪前進。

這正是所謂「順著宇宙洪流，在森羅萬象中翩翩起舞」。

現在人類正迎向前所未有的時代，我們每個人都處在覺醒的時期，一切事物都朝著能夠讓我們覺醒的方向前進。不管未來有什麼天地異變或天災人禍，人類都應當能度過。

一切都將安然無恙。

一切都是為了你的覺醒而來。

宇宙是為了讓我們覺醒，所設定的一項巨大的程式。因此請你安心的前進。

讓我們在探求「真正自我」的同時，也增廣我們的意識吧。

你一定能發現，每件事都帶有「一切都是為了成就好事」的真相。儘管放心，沒關係。

對自己溫柔，然後也對別人溫柔，這樣就可以了。

「像野地的花一般美麗的綻放，從中展現對人們的關愛」我在這句聖方濟的話語中，面帶微笑的渡過每一天。拿到那本書時，心中有無限感激。真心感謝。

最後，讓我敘述一下這本書誕生的緣由。

因為我老是想著要搭乘和平船，幾年前便和妻子一起搭乘。那是和平船第四十一次周遊北半球，預計在三個月內環繞世界一週。

我們從橫濱出發，經過印度、橫渡蘇伊士運河、經過義大利、葡萄牙，然後穿越大西洋、經過紐約，通過巴拿馬運河，接著航行到加拿大，甚至遠達阿拉斯加。這趟旅程，令我覺得生為日本人真好，能夠經驗這麼快樂的旅行。我想，有機會我也想參加周遊南半球的航程，只不過一直沒有機會。今年一月，機會終於來臨，我們先搭飛機飛到阿根廷，看了伊瓜蘇瀑布，然後搭乘和平船繞行南極海，去了復活節島、大溪地、新喀里多尼亞（New Caledonia）總共是五十三天的旅程。

有一天，我在客艙睡覺時，天使出現在夢裡對我說「下船後，請你寫一本書」。

當我醒來後，立即走到甲板。然後看見一輪又大又美麗的彩虹橫跨海面上。再向往後方一看，天空出現了一朵又圓又大的紅色彩雲。我立即感到「真的是天使給我的訊息」，當下我就承諾「好的，我會寫。」

下了和平船後沒多久，我立刻著手寫書，沒想到竟然比翻譯更能讓我樂在其中。在書寫中途，磯崎瞳小姐突然來了一封郵件問我「日本鑽石社剛好有個出版計畫，不知您有沒有出書的打算？」

「哈哈！這是不折不扣來自天使的訊息呢。鑽石出版，真是絕配的好名字！」我感到非常開心。天使以人們的形體出現了，每個人都是天使的化身。

這本書的出版，得歸功於磯崎瞳編輯及鑽石社的酒卷良江。真的非常謝謝你們。另外，和我共度這次人生旅程的妻子，不僅這次的人生，我總是一再受妳的照顧，說再多感謝也不夠。希望各位也能一讀妻子的著作，是一部充滿愛的作品。另外，滿懷著所有的愛與感謝，我將愛、光以及指導靈的能量，獻給喜悅地活在這世上每一美好角落的各位讀者。我們都是同伴。

山川紘矢

譯者後記

譯這本書比我預計的更耗費精神及時間，不是文字的困難度，而是在譯的過程，我也彷彿隨之走過一個自我探索的旅程。

作者在書中提到的書，只要有中文版，我全都讀過一遍；作者提到的冥想、內觀，我也全跟著照作一遍。

譯完全書後，有一個感受——作者所提到的與指導靈接觸的經驗，或許不像《前世今生》等書，所帶給我的衝擊震撼要來得巨大。

但在這幾個月中，我透過本書串聯的前世輪迴和宇宙合一的概念，找尋我的天命。

也許它真的就是改變我人生的一本書。謝謝宇宙把這本書帶來我的生命中。使我的內心開始真正充滿慈悲與喜樂、愛以及幸福。

希望也能讓同樣的幸福帶給你——深深感謝。

在第一階段交稿那天，一個從未謀面的朋友，巧合地將和這本書主題緊扣的電影「秘密」傳給我。只是一個偶爾交談的朋友，自然不知道我在譯什麼書籍，基於工作規範，我當然也不曾告訴任何人正在經手的書籍。更何況，當她傳影片網址給我時，我甚至不知道這本書談到的內容，會和「秘密」這部影片有任何關聯。

因為當時翻譯這本書陷入嚴重的瓶頸，所以，當我看了這部影片，發現它解開了那些我苦思難解的謎題，心中的確受到了非常大的震撼。

原來作者說的「一切都在宇宙的計畫之中」是這麼回事。

第一次聽到「吸引力法則」是從我姊姊那裡聽來的。在看這本書之前，我便經常聽她描述種種「奇蹟」。以前聽她說這些事，如果不是因為她是我姊姊，我會以為她是詐騙集團或是神棍。但是因為這本書和這次事件的關係，我開始認真練習這個方法（反正無害），結果意外發現——

事實的確如此！

最靈驗最神奇的是最近的一次家教班招生。因為報名超額，所以臨時加開一個週日班，但加開的班當時還只有兩個人報名，不符合我們最低四名開班的原則。但不知為什麼我先生主張照常開班，一個好友勸我，等達到開班人數再開班較符合經濟效益，當時我告訴她：「沒關係！這一班會有四個人的，我昨晚看見了。」因為當時我還告訴她，四個學生都是女生，頭髮大概的長度，但是長相就看不清楚了。所以隔了一星期正式開班那天，好友看到來上課的學生，想起我跟她說的事，她說：「怎麼會這樣？我雞皮疙瘩都起來了。」

如果你問我，我是否有什麼操控自如的靈力？坦白說，並沒有。至少我不覺得我有。只是不知為什麼，當時我強烈想著會有四名學生，坐在家裡的位置，然後便看見她們的樣子了。

作者提到的「次元提昇（ascension）」這個詞，說實話我是譯到本書之後才知道的。作者提到想知道自己「提昇」到什麼層面的檢核項目包括下列各項：

1喜歡自己嗎？喜歡你的城市嗎？喜歡你的國家嗎？你愛這個世界嗎？

2漸漸減少說別人的壞話、中傷或指責他人嗎？
3認為發生在自己身上的事都是由自己引起的、不責怪他人嗎？
4對死亡不再感到恐懼、了解靈魂是永恆的嗎？
5認為核子武器及軍隊是不必要的嗎？
6信仰堅定嗎？（我說的並非宗教信仰）
7你的行動並非出於恐懼，而是基於愛。
8你認同自己是愛的存在嗎？
9每天懷抱著感謝而生活？
10認為自己得天獨厚嗎？
11認為自己的存在是為了這個世界？
12能夠認為人皆平等嗎？
13感覺這個世界並非競爭的社會，而是相互合作的社會嗎？
14你有「一切皆為合一（Oneness）」的感覺嗎？

這當中，第11項我還未能認同，第14項則還似懂非懂。其他各項都是近年來自己堅信不疑的，算是個人的一種信念吧。所以看到作者說這是「次元提昇」，讓我相信了他提到的另一個概念——寶瓶世代的來臨。

「人們將終止戰爭，愛的時代即將來臨。人們的覺醒即將開始，確實觀照事物的人們陸續誕生。」

坦白說，作者所提到的若干內容，我還未百分之百認同。但是看到他提到生病那一段。他說「疾病是神為了使我的心靈淨化而賜給我的禮物。要是我立刻就醫一定什麼也學不到，所以才刻意要我多受些磨難吧。這正是充滿慈愛的神給予的祝福。」我不禁聯想到我的先生。

我先生因病而受盡折磨。但是打從認識他開始，每當他咒咀著他的病時，我經常對他說的一句話便是——

「雖然這個病使你感到痛苦，但我不得不感謝它，因為有它才有我們之間的相遇。」

「每一個逆境背後，都有一個祝福。」這句話是我在二〇〇八年三月，人還在日本時所寫下來的。

如今重新回顧當時寫下的心情，我的想法仍然沒有絲毫改變，若說有變，只有變得更堅定。

而這本書也更使我對此信念牢固紮根。

也許一切或許都是巧合中的巧合，但就這幾年我的經驗告訴我：即使宇宙間沒像電影中說的那麼神奇，但書中所傳達的觀念確實是真的——正面能量會吸引正面的人事物。

祝福你的生活中也充滿了正面的能量，心想事成！

惠娟

國家圖書館出版品預行編目資料

相信靈魂轉生，改變人生：一位日本高級官員的覺醒之路／山川紘矢作; 卓惠娟譯
—初版. – 臺北縣新店市 ： 世潮, 2010.11
面； 公分. – –（暢銷精選; 43 ）

ISBN 978-986-259-012-6（平裝）

1. 靈魂 2. 輪迴

175.9 99020518

暢銷精選 43

相信靈魂轉生，改變人生：一位日本高級官員的覺醒之路

作　　者／山川紘矢
譯　　者／卓惠娟
主　　編／簡玉芬
責任編輯／陳文君
封面設計／鄧宜琨
出 版 者／世潮出版有限公司
登 記 證／局版台省業字第5108號
負 責 人／林正村
地　　址／(231)台北縣新店市民生路19號5樓
電　　話／(02)2218-3277
傳　　真／(02)2218-3239（訂書專線）、(02)2218-7539
劃撥帳號／17528093
戶名／世潮出版有限公司 公司
額未滿500元（含），請加50元掛號費
酷 書 網／www.coolbooks.com.tw
排版製版／辰皓國際出版製作有限公司
印　　刷／長紅彩色印刷公司
初版一刷／2010年11月

定　　價／280元

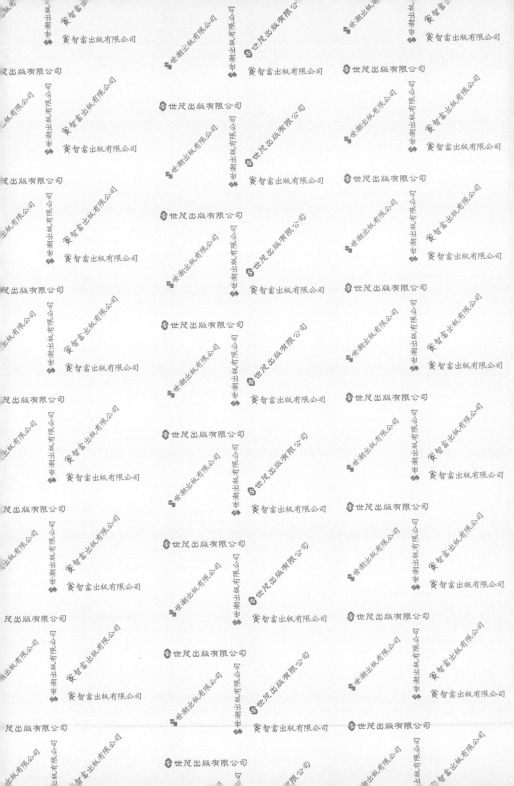